Lernkrimi Spanisch

¡Adiós, enemigo!

Anna Pou van den Bossche
Elena Martínez Muñoz

compact

Weitere Informationen zu Compact Lernkrimis finden Sie am Ende des Buches und unter www.lernkrimi.de.

Baierbrunner Str. 27, 81379 München
Ausgabe 2014
3. Auflage

Chefredaktion: Dr. Matthias Feldbaum
Redaktion: Janine Kaitzl, Kerstin Nußhart
Fachkorrektur: Pablo Pino
Produktion: Ute Hausleiter
Titelillustration: Karl Knospe
Lernkrimi-Logo: Carsten Abelbeck
Gestaltung: EKH Werbeagentur GbR, textum GmbH
Umschlaggestaltung: EKH Werbeagentur GbR, Hartmut Baier

ISBN 978-3-8174-9435-4
381749435/3

www.compactverlag.de, www.lernkrimi.de

Vorwort

Liebe Leserin, lieber Leser,

sicher zum Lernerfolg – mit Spaß und Spannung! Die Compact Lernkrimis mit ihrer Kombination aus Lektüre und didaktischem Übungsanteil eignen sich hervorragend, um breite Sprachkompetenzen in der Fremdsprache zu erwerben. Der Lerner wird dabei durch die spannende Handlung, das angemessene Sprachniveau und den stetig ansteigenden Schwierigkeitsgrad der Übungen gefördert und motiviert.
Entwickelt nach neuesten Erkenntnissen der Fremdsprachendidaktik, sind Compact Lernkrimis das ideale Medium für einen Lernerfolg im Selbststudium. Durch die kleinen Texteinheiten und den hohen Übungsanteil sind sie aber auch als Unterrichtslektüre bestens geeignet.

So lernen Sie mit Compact Lernkrimis:

- **Mit Begeisterung lernen:** Die packende Krimihandlung motiviert Sie beim Lesen des spanischen Originaltextes.
- **Wissen intensivieren und erweitern:** Durch die Kombination aus didaktisierter Lektüre und textbezogenen Übungen testen und trainieren Sie Ihre Sprachkenntnisse effektiv. Vokabelangaben auf jeder Seite unterstützen Sie beim Lesen.
- **Systematisch lernen:** Knüpfen Sie an Ihr individuelles Sprachniveau an und setzen Sie eigene Lernziele – linear im Schwierigkeitsgrad ansteigend oder mit punktuellen Schwerpunkten von Grundwortschatz bis Hörverstehen.
- **Unabhängig sein:** Lernen Sie ganz individuell – wo und wann Sie wollen.

Viel Spaß beim spannend Spanischlernen
wünscht Ihnen

Prof. Dr. Christiane Neveling
Didaktik der romanischen Sprachen, Universität Leipzig

Inhalt

¡Adiós, enemigo!

Elena Martínez Muñoz

1 Encarnita y Ernesto

Encarnita es una señora de 80 años que vive en Roquetas de Mar (Almería), cerca del Parque Natural de Cabo de Gata[i].

> **Cabo de Gata** ist ein Naturpark, der im Südosten Spaniens - genauer gesagt in der Provinz Almería - gelegen ist und eine einzigartige Vegetation besitzt.

El hijo de Encarnita se llama Ernesto. Ernesto trabaja mucho y no tiene mucho tiempo para su madre. Como Encarnita es muy mayor, tiene un cuidador que se llama Mario. Mario le hace las tareas domésticas a Encarnita todas las mañanas y da un paseo con ella.

Hoy lunes es un día excepcional y Mario no va a casa de Encarnita por la mañana; va por la tarde.

Como Ernesto no trabaja hoy y hace muy buen tiempo, visita a su madre por la mañana y dan un paseo:

–¿Cómo estás, mamá? –pregunta Ernesto.

enemigo *m*	Feind
cuidador *m*	Altenpfleger
tareas *f pl* domésticas	Hausarbeit
dar *irr* un paseo	einen Spaziergang machen
doler	schmerzen
pierna *f*	Bein
tener *irr* que	müssen
limpiar	putzen, sauber machen
planchar	bügeln

Ejercicio 1: Vocabulario. Welches Wort ist das „schwarze Schaf"? Unterstreichen Sie!

1. medicina médico tiempo hospital
2. limpiar doler planchar cocinar
3. invierno verano otoño marzo
4. pierna mano cabeza paseo
5. cuidador madre hijo padre

–Bien, hijo, me **duele** un poco la **pierna**, pero estoy bien –contesta Encarnita.
–¡Te mueves demasiado, mamá!
–No, hijo. Solo doy mi paseo de todos los días. Mario hace siempre las tareas de casa, tú lo sabes.
–¿Tomas todos los días tus medicinas?
–Sí, Mario me da las medicinas todas las mañanas después de desayunar. Además, también cocina muy bien. **Tienes que** probar su sopa de pescado, ¡está muy rica! ¡Y qué bien **limpia** la casa y **plancha** la ropa!
–Sí, mamá, ¡ese es su trabajo!
–Sí hijo, ¡pero todos los cuidadores no son iguales!
–Sí, mamá…
–Ah, Ernesto, ¿vas a pagar a Mario hoy?
–Sí, 400 euros –contesta Ernesto.
–No, 450 euros.

–¿450 euros? –pregunta Ernesto–. ¿Por qué? ¿Ha trabajado Mario más horas este mes?

–No, pero va a comprar un abrigo para el invierno y necesita más dinero.

–¡Mamá! Esta es la segunda vez que pasa esto…

–Ernesto, Mario tiene problemas, y tú y yo tenemos dinero suficiente. Estamos a octubre y en noviembre hace frío…

–Vale, vale…

–Mamá, una pregunta: ¿Mario come contigo a mediodía?

–Sí, solo cuando me sobra comida.

–¿Segura?

–Que sí… Ernesto, tenemos que ayudar a las personas que tienen problemas de dinero por la crisis.

–Sí, mamá, lo sé, pero yo tampoco tengo seguro mi trabajo…

Presente de indicativo
Spanische Verben bestehen aus Verbstamm und Endung, z. B. hablar: **habl** = Verbstamm, **ar** = Endung.
Sie werden je nach ihrer Infinitivendung in drei Konjugationsgruppen unterteilt:
- Verben, die auf **-ar** enden (**-o, -as, -a, -amos, -áis, -an**), 1. Gruppe
- Verben, die auf **-er** enden (**-o, -es, -e, -emos, -éis, -en**), 2. Gruppe
- Verben, die auf **-ir** enden (**-o, -es, -e, -imos, -ís, -en**), 3. Gruppe

Die Verben werden konjugiert, indem an den Verbstamm die entsprechenden Endungen für die jeweilige Person und Konjugationsgruppe angehängt werden.

–Ernesto, eres ingeniero. Los ingenieros tenéis trabajo.

–No, mamá, ahora es muy fácil despedir a un trabajador… Y yo tengo una hija de nueve años.

–¿Cómo está mi linda nieta Violeta?

–Muy bien, está muy contenta en el colegio porque está en la misma clase que su mejor amiga.

–¿Quién es su mejor amiga? ¿Anita, la hija de la panadera?

–Sí. Muchas tardes estudian juntas.

–¿Dónde? ¿En la biblioteca?

–No, en mi casa.

–¿Cuándo va a visitarme Violeta? No la **he visto** en dos semanas...

–Pronto, mamá. El colegio ha empezado y Violeta tiene muchos **deberes** y hace mucho deporte.

–¿Y no tiene tiempo para su abuela?

–Claro que sí... Si quieres, Violeta y Anita pueden[i] hacer los deberes los martes por la tarde en tu casa.

–Sí, ¡qué bien! ¿Y qué deporte hace Violeta este año?

–En el colegio juega al baloncesto, y los lunes y los miércoles por la tarde juega al voleibol.

–¡Qué **deportista** esta niña! ¡Yo también **era** así **de joven**!

–Lo sé, mamá. Tienes muchos premios en casa. Conozco la historia...

–¿Y cómo está la madre de Anita? Se llama Rocío, ¿no?

Unregelmäßige Verben
Bei vielen Verben verändert sich der letzte Vokal im Stamm, wenn er betont ist. Dies gilt für alle Personen außer *nosotros* und *vosotros*.
In einigen Fällen besteht die Veränderung darin, dass sich die Vokale **e** (entender), **o** (poder, volver, colgar), **u** (jugar) am Stammende zu einem Diphtong **-ie** oder **-ue** öffnen, wenn sie betont sind:
yo ent**ie**ndo (entender), tú p**ue**des (poder), él j**ue**ga (jugar), ellos v**ue**lven (volver).

abrigo *m*	Mantel
necesitar	brauchen
dinero *m*	Geld
sobrar	übrig bleiben
ayudar	helfen
despedir *irr*	entlassen
mejor	*hier*: beste
panadero/a *m/f*	Bäcker(in)
ver *irr*	sehen
deberes *m pl*	Hausaufgaben
deportista	sportlich
ser *irr*	sein
de joven	als Jugendliche(r)

–Sí. Bien, tiene que trabajar mucho por la mañana y por la tarde en la panadería, pero está bien.
–¿Trabaja sola?
–Sí, han despedido a la otra chica de la panadería…
–Ves Ernesto, mucha gente tiene problemas por la crisis.
–Lo sé, mamá…
–Ay, pobre Rocío, muy joven y **viuda**… Mario también tiene problemas y quiero ayudarle. Es muy buena persona. No comprendo por qué no te gusta Mario.
–Mamá…
–Oye, ¿y la panadera no te gusta? –pregunta Encarnita.
–Mamá, ya **empiezas** con eso…
–¡Pero si es una mujer muy guapa, simpática y trabajadora!
–Mamá, no necesito una **novia** ahora…
–¡Pero Violeta necesita una madre!
–No, mamá. Violeta está muy contenta con su padre y su abuela.
–Bueno, hijo, es tu vida… Mario también necesita una novia, pero no tiene tiempo para eso.
–¿Ah, no? ¿Qué hace por las tardes?
–**Cuida** a su padre. No tiene dinero para pagar una **residencia** y el hombre está muy **enfermo**.
–¿Mario **recibe** dinero del **Estado** por cuidar a su padre?
–Sí, pero muy poco. Ya sabes, los **recortes** del Gobierno…

viudo	verwitwet
empezar *irr*	anfangen
novio/a *m/f*	Freund(in) in fester Beziehung
cuidar	pflegen
residencia *f*	Altersheim
enfermo	krank
recibir	bekommen
Estado *m*	Staat
recortes *m pl*	Sparmaßnahmen

Ejercicio 2: Crucigrama. Lösen Sie das Kreuzworträtsel, indem Sie die Verben in der richtigen Form konjugieren!

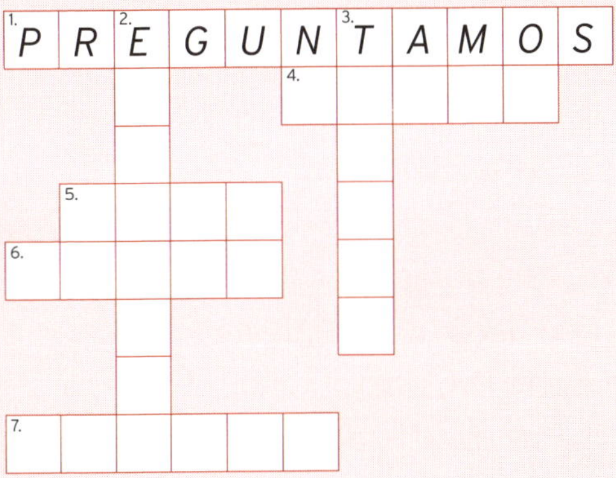

Waagerecht:

1. preguntar (nosotros/as)

4. vivir (vosotros/as)

5. pedir (yo)

6. poder (él/ella/usted)

7. jugar (ellos/ellas/ustedes)

Senkrecht:

2. entender (él/ella/usted)

3. tener (ellos/ellas/ustedes)

–Sí…
–¿Vas a venir a visitarme con Violeta el fin de semana?
–Sí, el sábado.
–¿Y el domingo no?
–No, el domingo tenemos planes.
–¿Ah, sí? ¿Qué vais a hacer?
–Vamos a Cabo de Gata todo el día. Violeta quiere hacer una excursión en bicicleta.
–¡Qué bien!
–¡Mamá! ¿Por qué **lloras**?
–Porque quiero hacer la excursión con vosotros, pero soy mayor y me duele la pierna…
–No llores, mamá. El sábado a mediodía vamos a tu casa. Podemos hacer tortilla de patatas. A Violeta le gusta mucho.
–Sí, muy bien. Anita y su madre pueden venir también…
–No, mamá…
–¿Por qué no? ¡Necesito hablar con mujeres también!
–Vaaaale. Voy a invitar a Anita y a su madre.
–¿Puedo invitar yo a Mario también?
–¡Mamá! ¡Mario no es una mujer y está en tu casa casi todos los días!
–Sí, pero Mario quiere estar con Violeta también.
–No, mejor no. A Violeta no le gusta mucho Mario.
–¿Por qué?

llorar	weinen
raro	komisch
dejar tranquilo	in Ruhe lassen
confiar en alg.	jdm. vertrauen
contratar	anstellen
conmigo	mit mir
contar	erzählen
volver *irr*	zurückkehren

–No sé, dice que es muy raro.
–¿Raro?
–Sí, Violeta dice que Mario siempre quiere jugar con ella y no la deja ni un minuto tranquila.

Häufigkeitsangaben

a menudo	häufig
a veces	manchmal
cada mes	jeden Monat
cada quince días	alle 2 Wochen
casi nunca	fast nie
dos veces por semana	zweimal pro Woche
nunca	nie
siempre	immer
todos los días	jeden Tag
una vez al año	einmal im Jahr

–Pero eso es porque a Mario le gustan mucho los niños.
–Sí, pero Mario le dice a veces a Violeta que quiere ser su padre. A Violeta no le gusta eso.
–Ernesto, Mario no tiene hijos ni hermanos, y sus primos son todos mayores. Quiere mucho a Violeta.
–No sé, mamá. No confío mucho en él. Prefiero contratar a otra persona.
–No, Ernesto, Mario es un buen cuidador. Hace todas las tareas de la casa muy bien y, además, habla mucho conmigo.
–Ya lo sé…
–Es un hombre muy alegre y me cuenta historias muy divertidas.
–Vaaaaale.
–Entonces, ¿puedo invitar a Mario el sábado?
–No. Pero no voy a contratar a otra persona.
–Gracias. Hijo, tenemos que volver a casa.
–¿Tan pronto?

–Sí, no he tomado una medicina y me duele la pierna… ¿Ves?, necesito a Mario.

Ejercicio 3: Frases. **Bringen Sie die Wörter in die richtige Reihenfolge!**

1. me | cuidador | mucho | gusta | el

Me gusta mucho el cuidador.

2. Encarnita | duele | a | pierna | la | le

____

3. Mario | a | no | Violeta | tranquila | deja

____

4. excursión | Madrid | a | nos | vamos | de

____

5. una | patatas | el | de | sábado | tortilla | comen

____

2 Encarnita y Mario

A las cuatro de la tarde, Mario llama al **timbre** y Encarnita abre la **puerta**:

–Hola, Encarnita. ¿Cómo estás?

–Hola, Mario. Muy bien, pasa.

Encarnita **observa** que Mario está muy delgado y tiene la **cara** muy blanca.

timbre *m*	Klingel
puerta *f*	Tür
observar	beobachten
cara *f*	Gesicht
buen aspecto *m*	gutes Aussehen

–Mario, no tienes muy **buen aspecto**, ¿estás bien?

–Sí, sí, estoy bien, solo un poco estresado.

–¿Has comido[i] bien este fin de semana?

–No, no he comido mucho.

–¿Por qué?

–Porque mi padre está muy enfermo y no he tenido tiempo para comer casi nada.

–Ay, mi pobrecito Mario…

–No pasa nada, mi padre está hoy un poco mejor. ¿Hago ahora las tareas de la casa o quieres primero dar un paseo?

He comido (ich habe gegessen) ist eine Form der Vergangenheit, des **Pretérito perfecto.** Man bildet es mit dem **Indikativ Präsens** des Hilfsverbs **haber** und dem **Partizip:** **he/has/ha/hemos/habéis/han** + habl**ado** (habl**ar**), com**ido** (com**er**), viv**ido** (viv**ir**).
Das Preterito perfecto wird verwendet, wenn man abgeschlossene Geschehnisse einem aktuellen Zeitraum zuordnen möchte, wie hoy (heute), este mes (dieser Monat), hasta ahora (bis jetzt), últimamente (in letzter Zeit).

–Hoy no necesito un paseo.
–¿Por qué? ¿Te duele la pierna?
–No, mi hijo Ernesto me ha visitado esta mañana y hemos dado un paseo juntos.
–¿Ernesto? ¿Hoy no trabaja?
–No, hoy tiene el día libre.
–¡Qué **suerte**! Yo nunca tengo un día libre. Bueno, pero a mí me gusta mi trabajo, me gusta mucho cuidar de ti, Encarnita.
–Gracias, Mario. Eres muy **amable**.

Ejercicio 4: Pretérito perfecto. Übersetzen Sie folgende Sätze ins Deutsche!

1. Hoy he desayunado muy tarde.

   Heute habe ich sehr spät gefrühstückt.

2. Ana todavía no ha limpiado su habitación.

   ____

3. Esta mañana he visto a Juan.

   ____

4. Mamá, ya he hecho los deberes.

   ____

5. ¿Por qué no me has llamado hasta ahora?

   ____

–Bueno, ¿qué limpio hoy?
–Solo el cuarto de baño. He limpiado la cocina esta mañana y el salón está limpio también.
–¡Encarnita! ¡Te mueves demasiado!
–Que no... Mi hijo dice lo mismo.
En ese momento, el teléfono de Encarnita **suena**:
–¿Quién es?
–Hola mamá, soy yo, Ernesto.
–Hola hijo, ¿qué pasa?
–Nada, nada. ¿Estás con Mario?
–Sí, Mario está aquí.
–Muy bien. ¿Todo bien? ¿**Todavía** te duele la pierna?
–No, estoy bien, hijo.
–Bien, entonces, nos vemos el sábado, ¿vale?
–Sí, muy bien. Un beso, hijo, adiós.
–Adiós, mamá.
Encarnita **cuelga** el teléfono. Mario está muy **sorprendido**: Ernesto casi nunca llama a Encarnita.

suerte *f*	Glück
amable	nett
sonar	klingeln
todavía	noch
colgar *irr*	*hier*: auflegen
sorprendido	überrascht

–¿Ernesto está enfermo? ¿Tiene problemas? –pregunta Mario.
–No, ¿por qué?
–Bueno, esta mañana te ha visitado y ahora te llama por teléfono, y normalmente [i] no hace esas cosas.

Adverbien werden zumeist aus dem weiblichen Adjektiv und der Endung „**-mente**" gebildet, z. B. tímido - tímidamente, perfecto - perfectamente. Einfacher ist es bei Adjektiven ohne männliche oder weibliche Endung, z. B. natural - naturalmente, normal - normalmente.

–Mario, Ernesto está muy **ocupado**. Trabaja de 8 a 17 horas y después **recoge** a Violeta del colegio y tiene que cuidar de ella.

–¿Y por qué no te visitan por la tarde?

–Porque Ernesto trabaja por la tarde en casa también. El colegio de Violeta es muy caro y ahora lo tiene que pagar él solo.

–Entiendo.

–En **verano** tienen más tiempo libre, pero ahora en **otoño** con el colegio y el deporte tienen menos tiempo.

–¿Violeta hace deporte?

–Sí, juega al baloncesto y al voleibol.

–Qué deportes tan feos, ¡qué poca imaginación tiene su padre! ¿Por qué no baila? –pregunta Mario.

–A Violeta le gustan los deportes con **balón**.

–Ah, bueno… Pues, Encarnita, yo creo que Ernesto no te visita más porque prefiere estar con la panadera…

–¿Quién, Rocío? Anita, la hija de la panadera, muchas tardes hace los deberes con Violeta. Por la noche, Rocío recoge a Anita en casa de Ernesto.

–¿Y por qué no hacen Violeta y Anita los deberes aquí en tu casa?

–Porque Ernesto tiene que trabajar en casa con su orde-

ocupado	beschäftigt
recoger	abholen
verano *m*	Sommer
otoño *m*	Herbst
balón *m*	Ball
de todas formas	auf alle Fälle
a partir de	ab
muerto	tot
echar de menos	vermissen
perder *irr*	verlieren
excusa *f*	Ausrede
levantarse	aufstehen

nador. De todas formas, a partir de la próxima semana, las niñas van a estudiar los martes en mi casa.

–¿Solo los martes? ¡Qué poco tiempo!

–Mario… está bien así, yo estoy enferma y necesito estar tranquila.

–Encarnita, mi madre está muerta y la echo mucho de menos. No entiendo por qué Ernesto no te visita más a menudo.

Ejercicio 5: Adverbios. Bilden Sie aus jedem Adjektiv das entsprechende Adverb!

1. claro ___*claramente*___
2. total ______________
3. lento ______________
4. real ______________
5. simple ______________

–Mario, Ernesto ha perdido a su mujer este año y necesita tiempo y tranquilidad.

–Sí, entiendo, pero no es una excusa para todo.

–Eres muy duro con él, Mario. Además, así Ernesto pasa más tiempo con Rocío, que es una mujer muy buena y muy guapa.

–Sí, Ernesto tiene mucha suerte.

Mario se levanta y limpia el cuarto de baño, después vuelve a la cocina, donde está Encarnita:

–Encarnita, ya he limpiado el cuarto de baño. ¿Plancho también?

–No, Mario. Hoy no tienes que planchar.

–Bueno, entonces, voy a[i] cocinar. ¿Qué quieres cenar? ¿Una sopita de pescado?

–Sí, ¡qué rica!

–¿Y qué quieres comer mañana?

> Um eine Absicht auszudrücken oder eine Handlung, die in der nahen Zukunft liegt, verwendet man
> **ir + a + Infinitiv.**
> Voy a trabajar.
> (Ich gehe zur Arbeit.)
> Mañana voy a ir al cine.
> (Morgen gehe ich ins Kino.)

–Pues… Un puré de verduras con un poco de pollo.

–¿Pollo? ¿Hay pollo en el frigorífico?

–Sí, Ernesto ha comprado pollo esta mañana.

–¿Ernesto? ¡Él nunca va a comprar! Está bien, voy a hacer la sopa –dice Mario–. Encarnita…

–¿Sí?

–Tenemos que hablar de la herencia. Ya tengo la cita.

–¿Has hablado con el notario?

–Sí. Ya puedes cambiar el testamento.

–¿Y cuándo es la cita?

–El 15 de noviembre. ¿Estás segura de que me quieres incluir en tu testamento?

–Sí, Mario, yo sé que necesitas el dinero.

–Sí, Encarnita. No sé si voy a tener trabajo cuando tú ya no vivas… La crisis tiene muchas consecuencias para los trabajadores sociales como yo.

–Lo sé, Mario. ¡El Gobierno es muy injusto con los recortes!

–Pero yo te quiero mucho, Encarnita. ¡No quiero que mueras tan rápido!

–¡Ay, Mario! ¡Qué simpático eres!

–Encarnita, ¿has hablado con Ernesto de la herencia?

–No. Ernesto no puede saber lo que voy a hacer. Él no va a entenderlo.

–Sí, creo que es mejor así. Muchas gracias, Encarnita.

–De nada, Mario. Pero no te puedo dar mucho dinero. Ernesto y Violeta necesitan dinero también. Violeta tiene que estudiar en una buena universidad.

–Sí, claro, Encarnita. Violeta es una niña muy inteligente. Va a tener una buena vida.

–Sí, ella dice que quiere estudiar medicina, pero todavía es muy pequeña…

–Pero Ernesto no necesita mucho dinero. Ha tenido suerte: es ingeniero y tiene trabajo. Yo no he ido a la universidad porque mi padre no tenía dinero. Además, ahora no hay[i] trabajo en mi sector.

–Mario, ahora mismo nadie tiene seguro un puesto de trabajo. La empresa donde trabaja Ernesto también tiene problemas.

–Sí, ¿pero qué es lo peor que puede pasar?

herencia *f*	Erbschaft
cita *f*	Termin
notario/a *m/f*	Notar(in)
testamento *m*	Testament
incluir *irr*	aufnehmen, einbeziehen
injusto	ungerecht
morir *irr*	sterben
puesto *m* de trabajo	Arbeitsstelle
empresa *f*	Firma
lo peor	das Schlimmste

Hay, ser und estar

Hay drückt aus, dass etwas vorhanden ist, und wird verwendet, wenn das Subjekt nicht näher bestimmt ist.

Estar drückt einen veränderlichen Zustand aus und wird für Ortsangaben verwendet.

Ser hingegen dient dazu, charakteristische Eigenschaften anzugeben bzw. Objekte zu identifizieren.

–Si el jefe vende la empresa, Ernesto tiene que irse al extranjero con Violeta o buscar trabajo en otra empresa.

–Sí, pero los ingenieros siempre tienen trabajo, Encarnita.

–No, Mario, eso no es siempre así. Muchos ingenieros cobran muy poco dinero ahora mismo y él tiene una hija.

–Bueno, si Ernesto se va al extranjero, nosotros cuidamos de Violeta.

jefe *m*	Chef
cobrar	verdienen
preocupado	beunruhigt
feliz	glücklich
peligroso	gefährlich
superar	überwinden

–Mario, ¿qué dices? Violeta tiene que estar con su padre. Mi pobre nieta ya ha perdido a su madre…

–Sí, tienes razón, Encarnita. Perdona, tengo un mal día. Estoy preocupado por mi padre…

–Sí, Mario, lo entiendo.

–Yo quiero mucho a Violeta. Lo sabes, ¿no?

–Sí, Mario, lo sé. Es una niña muy especial. Pero, tranquilo, Violeta es feliz con su padre.

–¿Estás segura, Encarnita? Ernesto está siempre muy ocupado. No tiene tiempo para cuidarla. Violeta es una niña muy activa, necesita hacer muchas actividades.

–Sí, el domingo van a ir a Cabo de Gata.

–¡Ah, sí? ¿Y qué van a hacer?

–Van a hacer una excursión en bicicleta.

–¿No es un poco peligroso?

–Mario, no te preocupes por Violeta. Ernesto es un buen padre y la quiere mucho. Solo necesita un poco de tiempo para superar la muerte de su mujer.

–Sí, claro. Entonces, el domingo van a estar en Cabo de Gata…
–Mario, ¿ya te vas a tu casa?
–Sí, Encarnita. Ya está preparada la comida. Me voy rápido porque mi padre está solo en casa.
–Muy bien, Mario. Hasta mañana.
–Hasta mañana.

Ejercicio 6: Ser, estar o hay. Unterstreichen Sie die passende Verbform!

1. Rocío <u>es</u> / está muy guapa.
2. Pedro no está / es muy competente.
3. Cecilia no está / es en su casa.
4. No está / hay una farmacia en esta calle.
5. Laura está / es muy cansada hoy.
6. No hay / es leche en el frigorífico.
7. Violeta es / está de Andalucía.

3 Ernesto y el detective privado

Encarnita vuelve a la cocina, coge el teléfono y ve que está encendido. Lo apaga y se va al salón a ver su telenovela. Al otro lado del teléfono, Ernesto, con la cara blanca, apaga su teléfono también. Ha escuchado toda la conversación entre Mario y su madre y ahora no confía nada en Mario. Está enfadado con su madre y decide actuar: esa misma tarde contrata a un detective privado para seguir a Mario unos días:

–Hola, buenas tardes. ¿Es usted detective privado?

–Sí. ¿Podemos hablarnos de tú?

–Sí, claro.

–¿Cómo puedo ayudarte?

–Sospecho que el cuidador de mi madre quiere estafarla. ¿Puedes seguirle esta semana?

–Sí, claro. ¿Cómo se llama el cuidador?

–Mario González Arenas. Es trabajador social.

–Bien. ¿Y dónde vive?

–En la calle Manzano, número 89. Cerca del mercado.

encendido	an-/eingeschaltet
apagar	ausmachen
al otro lado	auf der anderen Seite
enfadado	wütend
detective *m* privado	Privatdetektiv
seguir *irr*	folgen
sospechar que	den Verdacht haben, dass
estafar	betrügen
casado	verheiratet

Ejercicio 7: Adjetivos. **Lesen Sie weiter und ergänzen Sie die korrekten Adjektivendungen!**

-Bien. ¿Cómo es Mario? ¿Puedes describirlo físicamente?

-Sí, es **1.** moreno , **2.** bajit__ , **3.** delgad__ , tiene una barba **4.** negr__ , y los ojos **5.** oscur__ .

-De acuerdo. ¿Cómo es su carácter?

-Es un hombre muy trabajador y poco sociable. Es muy **6.** simpátic__ con las señoras **7.** mayor__ .

–¿Cuántos años tiene?
–45.
–¿Está casado o tiene novia?
–No.
–¿Tiene amigos?
–No sé, yo siempre lo veo solo.
–¿Cómo es la relación entre Mario y tu madre?
–Muy buena. Mi madre está muy contenta con él, pero no le gusta[i] que hable mal de mí.
–¿Sabes qué hace Mario los fines de semana?

Gustar, doler, interesar und molestar
Diese Verben werden zusammen mit einem indirekten Objektpronomen meistens in der **3. Person** verwendet. Folgt auf das Verb ein Substantiv im Singular, ein Infinitiv oder ein Nebensatz, steht es im Singular, ansonsten im Plural.
Le **gustan** las manzanas.
(Ihm/ihr schmecken die Äpfel.)
Me **interesa** la política.
(Mich interessiert Politik.)
Me **duelen** las piernas.
(Mir tun die Beine weh.)
Me **molesta** el ruido.
(Mich stört der Lärm.)

–No sé. Creo que **se queda** en casa porque tiene que cuidar a su padre enfermo.
–Entiendo.
–Entonces, ¿Mario vive con sus padres?
–Solo con su padre. Su madre ya no vive.
–¿Tiene problemas de dinero?
–Sí, trabaja solo por las mañanas, porque por la tarde está en casa con su padre, y no **gana** suficiente dinero.
–¿Por qué **sospechas de** él?
–Esta tarde he escuchado **por casualidad** una conversación entre Mario y mi madre. Mi madre quiere incluir a Mario en su testamento.
–Bueno, eso es problema de tu madre. ¿Ya tiene cita con el notario?
–Sí, en noviembre. Mario ha hablado con el notario.
–Entiendo.
–Sabes, todo esto no es solo idea de mi madre. Mario le ha dicho a mi madre que él necesita más dinero que yo... Y que no sabe si va a tener trabajo cuando mi madre ya no viva.
–¿Cómo es tu[i] relación con Mario?

Possessivbegleiter geben den Besitz an. Sie richten sich in der Zahl nach dem folgenden Substantiv. Bei der 1. und 2. Person Plural wird auch das Geschlecht angepasst.

	Singular	Plural
yo	**mi** tío/tía	**mis** tíos/tías
tú	**tu** tío/tía	**tus** tíos/tías
él/ella/usted	**su** tío/tía	**sus** tíos/tías
nosotros/as	**nuestro** tío/**nuestra** tía	**nuestros** tíos/**nuestras** tías
vosotros/as	**vuestro** tío/**vuestra** tía	**vuestros** tíos/**vuestras** tías
ellos/as/ustedes	**su** tío/**su** tía	**sus** tíos/**sus** tías

Ejercicio 8: Gramática. Welche Sätze sind grammatikalisch falsch? Kreuzen Sie an!

1. Esta es la hija de Antonio. Es su hija. ☐
2. Ana es hija de nuestro hijo Álvaro. Es nuestro nieta. ☒
3. Ana es nuestra sobrina favorita. ☐
4. A mí le gusta mucho el vino blanco. ☐
5. A Clara le gusta jugar al tenis. ☐
6. Yo va a comprar un coche nuevo. ☐

–No muy buena.
–¿Por qué?
–No confío en él. Habla mal de mí a mi madre y tiene un comportamiento muy extraño con mi hija. Siempre quiere su atención y no la deja tranquila.
–Está bien, voy a seguir a Mario tres días y el viernes te llamo por teléfono, ¿de acuerdo?
–Sí, muchas gracias. Hasta el viernes.
El viernes por la tarde, después del trabajo, Ernesto recoge a Violeta y a Anita del colegio y las lleva a casa de Encarnita. Después, visita al detective privado.

quedarse	bleiben
ganar	*hier*: verdienen
sospechar de	jdn. verdächtigen
por casualidad	zufällig
comportamiento *m*	Verhalten
atención *f*	Aufmerksamkeit
de acuerdo	einverstanden

–Buenas tardes, soy Ernesto Sandoval.
–Buenas tardes, Ernesto. Pasa, pasa.
–¿Cómo llevas la **investigación**? ¿**Has averiguado** algo?
–Sí. Las actividades de Mario González **parecen** bastante normales: por la mañana va a trabajar a casa de tu madre y por la tarde se queda en su casa cuidando a su padre. Su padre no puede moverse y Mario tiene que hacerlo todo.
–De acuerdo, continúa –dice Ernesto.
–Mario no es una persona muy social y, **sin embargo**, todos los días después del trabajo va a visitar a un hombre a Adra (Almería)…
–Ah, qué sorpresa. ¿Y quién es?
–Pues, es el notario donde tiene cita tu madre.
–¿Cómo?
–Sí, ayer **estuve** en el despacho del notario por la mañana e instalé una **grabadora**. Hoy estuve **otra vez** allí y ahora tengo aquí una información muy importante para ti, Ernesto.
–¿Qué has averiguado? ¿Tienes una conversación entre Mario y el notario?
–Sí, vamos a escucharla ahora mismo. Solo la parte interesante… El notario se llama Gonzalo.

investigación *f*	Ermittlung
averiguar	herausfinden
parecer *irr*	scheinen
sin embargo	dennoch
estar *irr*	sein
grabadora *f*	Aufnahmegerät
otra vez	nochmal
miedo *m*	Angst
tramar	etwas im Schilde führen
fingir	vortäuschen
encontrar	treffen
insistir	darauf bestehen
acantilado *m*	Steilküste
ruta *f*	Weg, Route
camino *m*	Weg
distraer *irr*	ablenken
empujar	schieben, stoßen

Ernesto tiene miedo, ahora sabe que Mario trama algo. El detective enciende la grabadora:

«–Mario, ¿estás seguro?

»–Sí, Gonzalo. Ya tengo un plan.

»–¿Necesitas mi ayuda?

»–Sí. Ernesto y Violeta van el domingo a Cabo de Gata. Van a hacer (i) una excursión en bicicleta y nosotros también vamos a ir en bicicleta.

»–De acuerdo.

»Vamos a fingir que les encontramos por casualidad.

»–Bien. ¿Y qué relación tenemos tú y yo?

»–Somos amigos.

»–Bien.

»–Vamos a insistir y Ernesto tiene que aceptar una excursión con nosotros. Yo conozco muy bien Cabo de Gata. Sé dónde están los acantilados.

»–¿Y qué pasa si Ernesto y Violeta no quieren venir con nosotros?

»–Entonces, les seguimos. Conozco la ruta que van a hacer. Hay un acantilado pequeño en el camino.

»–De acuerdo.

»–Tú vas a distraer a Violeta y yo voy a empujar a Ernesto por el acantilado. También vamos a llevar una pistola.

»–Bien.

> Eine Gruppe von sehr gebräuchlichen Verben ist nur in der ersten Person unregelmäßig, beispielsweise
> **hacer** (machen): **hago**, haces, hace, hacemos, hacéis, hacen
> **conocer** (kennen, kennenlernen): **conozco**, conoces, conoce etc.
> **salir** (herausgehen, ausgehen): **salgo**, sales, sale, etc.
> **saber** (wissen): **sé**, sabes, sabe, etc.
> **ver** (sehen): **veo**, ves, ve, etc.
> **dar** (geben): **doy**, das, da, etc.

»–Violeta no puede ver cómo empujo a su padre. Tiene que creer que es un accidente.

»–¿Quién va a cuidar de tu padre el domingo?

»–Mi **vecina**. Es una señora mayor, pero está muy sana y siempre está en casa. Voy a decirle que viene a visitarme un amigo que tiene problemas.

vecino/a *m/f*	Nachbar(in)
crimen *m*	Verbrechen
envenenar	vergiften
la mayor parte	der größte Teil
sentirse *irr*	sich fühlen
rabia *f*	Wut
matar	töten

»–¿Y yo qué hago entonces?

»–El domingo tú me llamas por teléfono y me dices que vas a venir a verme. Mi padre va a escuchar la conversación.

»–Está bien, pero... Mario, ¿tú tienes amigos?

»–No.

»–¿No es un poco sospechoso?

»–No. Mi padre sabe que voy a menudo a Adra y le he dicho que tengo amigos allí.

»–Ah, muy inteligente. Piensas en todo.

»–Sí, Gonzalo. Puedo planear muy bien **crímenes**, nadie sabe que **he envenenado** a la mujer de Ernesto...

»El notario mira a Mario sorprendido y continúa hablando:

»–Mario, ese es tu problema, no quiero más detalles. ¿Cuánto dinero de la herencia me vas a dar a mí?

»–No lo sé, depende del dinero que herede yo. **La mayor parte** del dinero es para Violeta.

»–Si quieres mi ayuda, quiero el 20 por ciento.

»–¿El 20 por ciento? ¡Eso es mucho dinero, Gonzalo! Tú tienes un trabajo bueno. ¿Un 15 por ciento?

»–Por un 15 por ciento no te ayudo.
»–Vale, está bien. Un 20 por ciento, entonces. Mañana te llamo para contarte todos los detalles. ¿De acuerdo?
»–Sí. Hasta mañana».

El detective privado apaga la grabadora. Ernesto **se siente** muy mal, no puede hablar. Siente **rabia** y miedo. Mario es muy peligroso: mató a Pilar, su mujer, y ahora quiere **matar**le a él.
–Lo siento, Ernesto –dice el detective privado–. Yo te he dado la información. Tú decides qué hacer con ella.
Ernesto, una vez más, decide actuar.

Ejercicio 9: Verbos irregulares. Setzen Sie die folgenden Verben in die 1. und 3. Person Singular Präsens!

1. traer	*traigo*	*trae*
2. conocer	______	______
3. saber	______	______
4. hacer	______	______
5. salir	______	______
6. dar	______	______

4 En Cabo de Gata

El domingo, Mario y el notario van a Cabo de Gata para poner en marcha su plan.

Tal y como está planeado, Ernesto está en Cabo de Gata con una bicicleta, pero está solo: su hija Violeta no está con él.

–Ves Gonzalo, Ernesto es un mal padre. Hace un día muy bueno y la pobre Violeta no está aquí. Ernesto prefiere pasar el día solo en vez de estar con su hija o con su madre. Seguro que Rocío, la panadera, también viene. Yo soy un mejor padre para Violeta y un mejor hijo para Encarnita…

–Mejor así sin la niña –dice Gonzalo–. ¿Qué hacemos ahora?

–Yo voy a fingir que encuentro a Ernesto por casualidad y tú nos sigues. Voy a distraer a Ernesto y tú apareces y le apuntas con la pistola. Yo hago el resto.

–De acuerdo.

poner *irr* en marcha	in Gang setzen
en vez de	anstatt
aparecer *irr*	auftauchen
apuntar	zielen
acercarse	sich (an)nähern
demasiado	zu viel
paisaje *m*	Landschaft

Mario, un poco nervioso, se acerca a Ernesto y habla con él:

–¡Hombre, Ernesto! ¿Qué tal? ¿Qué haces aquí solo?

–¡Hola, Mario! He trabajado mucho esta semana y estoy muy cansado. Necesito dar un paseo.

–Entiendo. ¿Y Violeta? ¿Dónde está?
–Está en casa de mi madre con su amiga Anita. Tiene un poco de dolor de estómago.
–¿Y eso? ¿Por qué?
–Ha desayunado **demasiados** churros[i] esta mañana.

> Das typische spanische Frühstück besteht aus einem Baguette mit Olivenöl, pürierter Tomate und Salz. Manchmal isst man Serrano-Schinken oder Käse dazu. Sonntags gibt es aber häufig **churros** (Fettgebäck). Die churros passen auch nachmittags wunderbar zu einer Tasse Kaffee oder heißer Schokolade.

–Pobre, Violeta. Es mejor desayunar pan con tomate.
–Lo sé, pero hoy es domingo –dice Ernesto.
–¿Vas a estar aquí todo el día?
–No, solo voy a dar un paseo y vuelvo a casa de mi madre. ¿Qué haces tú aquí? –pregunta Ernesto.
–Estoy muy estresado y necesito dar un paseo también.
–¿Cómo está tu padre?
–Está mejor, gracias. ¿Qué tal está Encarnita?
–Muy bien. Contenta de tener a Violeta en casa.
–Claro… Oye, Ernesto. ¿Quieres hacer una excursión conmigo? Conozco muy bien las rutas en bicicleta.
–Pues no sé, no tengo mucho tiempo.
–Conozco una ruta muy corta y muy bonita de 45 minutos.
–Bueno, ¿por qué no?
Ernesto y Mario comienzan la ruta en bicicleta y Gonzalo les sigue. Ernesto no ve a Gonzalo.
Hablan sobre Encarnita y Violeta, sobre el bonito **paisaje** de Cabo de Gata, sobre Rocío, sobre el padre de Mario, etc.

Por un momento, Ernesto tiene la sensación de que Mario y él son amigos. «¡Cuánto teatro!», piensa Ernesto.

Veinte minutos después, Ernesto y Mario llegan a la zona con acantilados.

–Vamos a hacer una pausa, ¿no? –pregunta Mario.

–Sí, yo necesito beber agua –contesta Ernesto.

Ernesto se sienta y bebe agua. De repente, mira a la derecha y ve a un hombre que le apunta con una pistola. Ernesto mira asustado a Mario. Mario sonríe. Pero es una sonrisa falsa.

–Ernesto, Ernesto... –dice Mario–. No te preocupas lo suficiente por tu madre. Una pena, Encarnita tiene mucho dinero y tú no vas a sacar partido de ello...

sensación *f*	Gefühl
llegar	ankommen
asustado	erschrocken
sonreír *irr*	lächeln
sonrisa *f*	Lächeln
suficiente	genug
una pena	schade
sacar partido	von etwas profitieren
loco	verrückt
lotería *f*	Glücksspiel
encantador	reizend

–Mario, ¿qué haces? ¿Estás loco? –pregunta Ernesto–. ¡Tengo una hija!

–Tranquilo. Yo voy a cuidar muy bien de tu hija y de tu madre.

–¿Por qué haces esto, Mario?

–Mira, Ernesto. En la vida hay personas con mucha suerte y otras con muy poca. La vida es una lotería. Tú tienes demasiada suerte.

–¿Buena suerte? Hoy no tengo buena suerte –dice Ernesto.

Ejercicio 10: Verbos reflexivos. **Welche der folgenden Satzteile gehören zusammen? Ordnen Sie zu!**

1. [d] Mario se	a) llaman Jiménez de apellido.
2. [ ] Sofía y Clara se	b) peinas muy raro.
3. [ ] Vosotros os	c) levanto bastante tarde.
4. [ ] Yo me	d) levanta todos los días a las 8.
5. [ ] Tú te	e) acostamos sobre las 24 horas.
6. [ ] Nosotros nos	f) ducháis en el gimnasio.

–Hoy no, pero has ido a la universidad[i], tienes un buen trabajo, buen aspecto físico y una hija y una madre encantadoras.

Die älteste Universität Spaniens ist die Universidad de Salamanca, die bereits 1218 gegründet wurde und bis in die Gegenwart hinein zu den ältesten und ehrwürdigsten in ganz Europa zählt. Sowohl ihr guter Ruf als auch ihre Lage inmitten der charmanten Altstadt ziehen Studierende und Sprachbegeisterte aus aller Welt an, um ihr Spanisch zu verbessern.

–Sí, y una mujer que ya no vive.
–Bueno, no puedes tener siempre buena suerte, Ernesto.
–Mario, yo he trabajado mucho para tener la vida que tengo.
–Sí, claro. ¿Y yo no trabajo suficiente?
–Yo no he dicho eso.
–Ernesto, yo no he ido a la universidad porque mi padre no tenía dinero. Mi madre murió cuando yo tenía 10 años, no tengo amigos, ni novia,

ni familia aparte de mi padre. Y ahora tengo problemas con el trabajo por la crisis.
–La crisis afecta a todo el mundo, Mario.
–No, Ernesto. La crisis afecta siempre a los mismos. Por eso, ahora yo también voy a tener un poco de suerte. Voy a tener una familia: tu madre y tu hija. Van a vivir conmigo. Tranquilo, vamos a ser muy felices.
–Estás enfermo, Mario.
Mario se acerca a Ernesto y mira a Gonzalo. Pero Gonzalo ya no apunta a Ernesto con la pistola, sino a Mario…

aparte de	abgesehen von
afectar	betreffen
todo el mundo	jeder
los mismos	dieselben
estar *irr* compinchado con alg.	mit jdm. unter einer Decke stecken
¡felicidades!	Glückwunsch!
cierto	wahr, richtig

–¿Qué haces, Gonzalo? –pregunta Mario.
–Lo siento, Mario. Así es mucho más fácil y necesito el dinero –contesta Gonzalo.
Mario no sabe cómo reaccionar: «¿Ernesto y Gonzalo están compinchados?», piensa.
–Increíble, Gonzalo –dice Mario–. Dime, ¿qué tanto por ciento de la herencia te da Ernesto?
–Un 40 por ciento.
–Vaya, ¡eso es mucho dinero! ¡Felicidades, Gonzalo! ¿Qué vas a hacer con tanto dinero? ¿Eh? ¿Viajar a Japón? ¿Comprar una casa? –pregunta Mario.
–Eso no es tu problema –contesta Gonzalo.
–¡Oh, no! ¡Claro que no! ¡No es mi problema! ¡Solo quiero saber por qué voy a morir!

Ejercicio 11: Completar. Lesen Sie weiter und setzen Sie die vorgegebenen Wörter ein!

matar | sabes | privado | pregunta | ~~morir~~ | seguro | inteligente

-Vas a 1. *morir* porque mataste a mi mujer -dice Ernesto.

-¡Vaya! ¡Qué sorpresa! ¿Tú cómo 2. ________ eso?

Ernesto, Ernesto, eres un hombre 3. ________.

¿Quieres saber una cosa? Gonzalo me ayudó a 4. ________ a tu mujer.

-¿Qué dices? - 5. ________ Gonzalo-. Ernesto, eso no es **cierto**.

-Tranquilo, Gonzalo -dice Ernesto-. Lo sé.

-¿Y cómo estás 6. ________ de eso? -pregunta Mario.

-Porque he contratado esta semana a un detective 7. ________ y he escuchado una conversación muy interesante entre Gonzalo y tú.

–¡Bravo, Ernesto! –dice Mario– ¡Muy bien! ¡Eres un buen criminal! Y tú Gonzalo, tú eres el criminal más inteligente de todos. El criminal que se lleva la mejor parte.

Um zwei Dinge zu vergleichen, die sich voneinander unterscheiden, gebraucht man
Verb + más/menos + que
Yo duermo más que tú.
(Ich schlafe mehr als du.)
más/menos + adjektiv/adverb/substantiv + que
Sara es más puntual que yo.
(Sara ist pünktlicher als ich.)
Mit dem Superlativ gelingt eine stärkere Hervorhebung:
Sara es **la** niña **más lista** de la clase. (Sara ist das klügste Mädchen der Klasse.)

–Sí, Mario, y tú eres el criminal más estúpido; el criminal que va a morir –dice Gonzalo.
–Mario, ¿por qué mataste a mi mujer? –pregunta Ernesto muy nervioso.
–Ya te lo he dicho, Ernesto. No puedes tener siempre suerte. Tu mujer era demasiado buena para ti.
–¿Y para Violeta también?
–Violeta solo me necesita a mí.
–Estás loco, Mario –dice Ernesto.
Mario observa a Gonzalo. Sabe que no puede hacer nada. Se siente indefenso. Sabe que va a morir.
Mientras Mario observa a Gonzalo, Ernesto se acerca a Mario lentamente y le empuja por el acantilado. Antes de empujarle, le dice:
–Hoy no es tu día de suerte, ¡adiós, enemigo!

llevarse	*hier*: bekommen
indefenso	hilflos

El sacrificio

Elena Martínez Muñoz

1 El reencuentro

Maribel, Claudia, Eva e Irene son amigas del colegio y del instituto. Han pasado su **infancia** en un **pueblo** de Jaén (Andalucía) que se llama Martos. Tienen 27 años. Son buenas amigas, pero ahora no tienen mucho contacto, solo se escriben de vez en cuando por email.

Hoy, un soleado 30 de agosto, van a **reencontrarse** en la **boda** de Maribel.

Maribel ha pasado toda su vida en el pueblo: trabaja en una fábrica de aceite desde los 17 años. Su familia tiene problemas económicos y ella siempre **ayuda** en casa. Vive con sus padres y tiene dos hermanos pequeños. Trabaja por la mañana y, por la tarde, **cuida** a sus hermanos. Sus padres son muy conservadores y controladores. Es una chica muy inteligente pero no ha ido a la universidad porque tiene que trabajar y ayudar a su familia.

sacrificio *m*	Opfer
reencuentro *m*	Wiedersehen
infancia *f*	Kindheit
pueblo *m*	Dorf
reencontrarse	sich wieder-treffen
boda *f*	Hochzeit
ayudar	helfen
cuidar	pflegen
envidiar	beneiden
ir(se) *irr*	gehen
Correos *m pl*	Post
desde entonces	seitdem
celebrar	feiern
banquete *m* de bodas	Festessen
cortijo *m*	Landhaus

Maribel quiere mucho a sus amigas, pero envidia un poco a Eva e Irene porque han ido a la universidad.
Eva e Irene han estudiado Criminología en la Universidad de Madrid. Con 23 años, Irene se fue a vivir a Barcelona con su novio y ahora trabaja en un colegio. Es profesora de ética y tiene una hija de dos años.
Eva es detective privado. Vive en Madrid y trabaja con la policía. No tiene muy buena relación con sus padres y no va mucho al pueblo.
Los padres de Eva son también muy conservadores. Tienen la típica mentalidad de pueblo y no les gusta la vida de Eva: no está casada, vive sola en una gran ciudad, trabaja todo el día, viaja mucho, etc.
Claudia vive y trabaja en otro pueblo de Jaén, cerca de Martos. Trabaja en Correos desde los 18 años. Ella quería estudiar medicina o fisioterapia pero no tenía nota suficiente y no la aceptaron en ninguna universidad de España. Sus padres tampoco tenían dinero para pagar una universidad privada. Desde entonces Claudia está deprimida y solo trabaja y hace deporte, nunca sale.
Maribel se casa en una iglesia muy antigua y celebra el banquete de bodas en un cortijo con un decorado muy rústico.

Quería ist eine Form der Vergangenheit, des **Imperfecto.** Bei der regelmäßigen Bildung des Imperfecto wird die Infinitivendung durch folgende Endungen ersetzt:
habl**ar**: habl**aba**, habl**abas**, habl**aba**, habl**ábamos**, habl**abais**, habl**aban**
com**er**: com**ía**, com**ías**, com**ía**, com**íamos**, com**íais**, com**ían**
viv**ir**: viv**ía**, viv**ías**, viv**ía**, viv**íamos**, viv**íais**, viv**ían**.

Ejercicio 1: Verbos. **In welcher Person sind diese Verben geschrieben?**

1. son *ellos / ellas / ustedes*
2. tiene ______________________
3. trabajo ______________________
4. llegas ______________________
5. cuidamos ______________________
6. viajáis ______________________

En el cortijo, muchos camareros esperan a los invitados de la boda para la copa de espera. Todos tienen una bandeja en las manos con jamón, queso, pescado, verduras, vino, cerveza, etc.

Eva e Irene han estado juntas en la iglesia. Después de la ceremonia, llegan al cortijo y ven a Claudia:

copa *f* de espera	Sektempfang
bandeja *f*	*hier*: Brett
ceremonia *f*	Trauungszeremonie
único	einzig

–¡Hola, Claudia! –dice Eva.

–Hola Eva, hola Irene –contesta Claudia.

–¿Cómo estás? –pregunta Irene.

–Como siempre. ¿Y vosotras? –pregunta Claudia.

–¡Muy bien! –contesta Irene.

–Bien, un poco estresada, pero bien –contesta Eva.

–Irene, ¿cómo está tu hija? –pregunta Claudia.
–Está muy guapa y muy grande.
–Tiene dos años, ¿no? –pregunta Claudia.
–¡Sí! –contesta Irene muy contenta.
–¿Y dónde están tu hija y tu novio[i], Irene? –pregunta Claudia.
–Están en Barcelona. Luis tiene que trabajar y no ha podido venir a la boda. Mejor así, así puedo estar un poco tranquila...

> Als **novia/novio** wird im Spanischen die **feste Freundin/** der **feste Freund** bezeichnet, während für die Beziehung zu einem Kumpel oder einer guten Freundin auf **amigo** bzw. **amiga** zurückgegriffen wird.

–Entiendo –dice Claudia.
–Y tú, Claudia. ¿Qué tal todo? –pregunta Irene.
–Como siempre. ¿Qué tal tu vida de detective, Eva?
–Bien. Es una vida muy estresante pero muy excitante. El único problema es que no tengo mucha vida social.
–¿No tienes novio ahora? –pregunta Claudia.
–No... Bueno, no tengo un novio pero tengo una amiga especial.
–¿Una amiga? –pregunta Claudia.
–Sí, una amiga, sí. En femenino.
–¡Ah! Muy bien. ¿Y qué opinión tienen tus padres?
–Mis padres no saben que tengo una amiga especial. Tú conoces a mis padres... Son muy conservadores, pero un día voy a hablar con ellos.
–Sí, tienes que hacerlo –dice Irene.
–¿Y tú, Claudia? ¿Novedades?
–No. Yo no tengo ni amigos ni amigas especiales.

En ese momento, los novios entran por la puerta del cortijo, saludan a los invitados y todos entran al salón de bodas.

Eva e Irene están sentadas juntas en la misma mesa. Claudia está en la misma mesa pero un poco más lejos. Mientras comen, Eva e Irene hablan:

–¿Crees que la gente[i] nos observa? –pregunta Eva.

–Sí... ¡Somos muy modernas tú y yo! –responde Irene.

–¿Modernas? ¡Somos muy normales! –dice Eva.

–Sí, Eva, pero aquí en el pueblo no somos normales. Ya sabes que aquí la gente siempre habla de nosotras. Creen que estamos locas.

La gente (die Leute, die Menschen) benötigen im Spanischen nur den Artikel in der Einzahl, auch wenn die Mehrzahl bezeichnet wird. Entsprechend muss auch das Verb im Singular stehen: **La gente hace** una fiesta en la calle. Selbst wenn eine Gruppe nur aus Männern besteht, bleibt „gente" feminin. In Verbindung mit einem Adjektiv muss auf die weibliche Endung geachtet werden: Me gusta fotografiar a **gente desconocida**.

–¿Por qué? ¿Porque hemos estudiado Criminología? ¡No me gusta la gente así!

–Tranquiiiiiila, Eva. Es normal. Así es la gente en los pueblos, ya lo sabes.

–Vale. Prefiero hablar de otro tema –dice Eva.

–Muy bien. Podemos hablar de Claudia, por ejemplo.

–Claudia está "como siempre". Nunca quiere hablar de su vida, no lo entiendo.

saludar	grüßen
invitado/a *m/f*	Gast
creer *irr*	glauben
aún	noch

Ejercicio 2: Palabra escondida. Übersetzen Sie und enträtseln Sie das Lösungswort!

1. Hochzeit [B] O D A
2. feiern _ _ _ _ _ _ [ ] _
3. Tablett _ _ [ ] _ _ _ _
4. Käse [ ] _ _ _ _
5. Gemüse _ _ _ _ [ ] _ _
6. Kirche _ _ _ [ ] _ _ _
7. Landhaus _ _ _ [ ] _ _ _
8. Trauungszeremonie _ [ ] _ _ _ _ _ _ _

Lösung: [ ] [ ] [ ] [ ] [ ] [ ] [ ] [ ]

–Sí, es cierto. En los emails tampoco. A mí siempre me pregunta qué tal estamos mi familia y yo, pero no me cuenta casi nada de su vida.

–Yo me escribo muy pocos emails con ella, la verdad. ¿Aún trabaja en Correos? –pregunta Eva.

–Sí.

–¿Y qué hace después del trabajo?

–Jugar al ping-pong.

–¿Aún? ¡Juega al ping-pong desde los 10 años!

–Sí.

–No entiendo a esta chica. Tiene que salir del pueblo, conocer a gente nueva, buscar otro trabajo, estudiar algo, etc.

–Eva, Claudia está muy deprimida. Lo sabes, ¿no?

–Sí, pero un día tiene que vencer la depresión. Necesita un psicólogo.

buscar	suchen
vencer	bezwingen
caso *m*	Fall
compromiso *m*	Verlobung
bocado *m*	Happen
regalar	schenken

–Ya ha estado en un psicólogo, pero no le ha ayudado.

–¿Por qué no?

–Creo que el psicólogo no era bueno.

–Entiendo. Oye, Irene, ¿y tú? ¿Estás contenta con tu trabajo?

–Sí, muy contenta. Me gusta trabajar con chicos jóvenes.

–¿En serio? ¡Los adolescentes son muy difíciles!

–No, no es cierto. A veces es difícil comunicarse con ellos, pero son muy interesantes –dice Irene.

–No sé… ¿No quieres trabajar de detective? Sabes que tienes mucho talento. Yo quiero trabajar contigo.

–Eva, yo[i] también quiero trabajar contigo, pero prefiero el trabajo de profesora. Me gusta tener mucho tiempo libre para mi familia. Mi hija y mi novio son muy importantes para mí.

Personalpronomen werden oft weggelassen. Man verwendet sie vor allem zur Hervorhebung, Verdeutlichung oder Betonung eines Gegensatzes und um Missverständnisse zu vermeiden.

–Lo sé.

–Además, me gusta ser profesora.

–Valeeee. Pero, ¿vas a trabajar una vez conmigo en un caso?
–No sé…
–¡Solo una vez!
–De acuerdo. Una vez. Pero ahora vamos a comer, ¡que tengo mucha hambre!

Ejercicio 3: Pretérito perfecto. Bringen Sie die Wörter in die richtige Reihenfolge!

1. estudiado | una | carrera | no | Maribel | ha

Maribel no ha estudiado una carrera.

2. ¿ tu | marido | por | ha | no | venido | qué ?

____

3. ¿ probado | vino | has | el | blanco ?

____

4. colegio | juntas | el | hemos | en | estado

____

Eva e Irene disfrutan del primer y del segundo plato. Claudia no habla con nadie, solo come.
Después de una hora, los novios cortan la tarta y los camareros la sirven. Maribel se levanta para decir unas palabras: «Carlos, dulce es esta tarta y dulce es nuestro compromiso. Nos queremos, nos amamos. Vamos a disfrutar de este dulce bocado que nos regala la vida. Te quiero».

En ese momento, Maribel **se cae** al **suelo**. Los invitados intentan reanimarla, pero no pueden hacer nada.

caerse *irr*	hinfallen
suelo *m*	Boden

Eva le toma el pulso a Maribel, se levanta y le dice a Irene: aquí está tu oportunidad para trabajar de detective. Maribel está muerta.

2 La vida de Maribel

Maribel está muerta. Unos policías locales acordonan el salón de bodas y van a su casa para buscar pistas. Los invitados no pueden salir del salón.

acordonar	absperren
pista *f*	Spur
interrogatorio *m*	Verhör
suicidarse	sich umbringen

Eva empieza inmediatamente con los interrogatorios e Irene la ayuda. Están muy tristes, pero quieren saber por qué ha muerto Maribel. Primero hablan con Claudia:

–Claudia, tranquila –dice Eva–. Es difícil, lo sé, pero tenemos que hablar. Es muy importante (i).

> **Importante** ist ein geläufiges und vielfältig einsetzbares Adjektiv. Dabei muss es nicht immer mit **wichtig** übersetzt werden. *Una persona importante* kann man durchaus **einflussreich** oder **berühmt** nennen, während *una situación importante* als **ernst zu nehmend** und *una experiencia importante* als **wertvoll** gelten kann.

–Tienes que decir todo lo que sabes sobre la vida de Maribel. Todos los detalles son importantes –dice Irene.

–No sabemos si Maribel se ha suicidado o no. ¿Sospechas de alguien? –pregunta Eva.

–No –contesta Claudia.

–¿Maribel tiene enemigos?

–Creo que no –responde Claudia.

–Eva, ¿por qué hablas en presente sobre Maribel? –pregunta Irene.

–Porque todavía no puedo hablar en pasado sobre ella. Es una amiga. Si hablo en pasado sobre ella, no puedo concentrarme.

–Entiendo. De acuerdo –dice Irene.

–Bien. ¿Cómo es la relación de Maribel con sus padres? –pregunta Eva–. Por favor, habla en presente sobre ella.

descansar	sich ausruhen
pelearse	sich streiten
permitir	erlauben
dejar solo	allein lassen
decir *irr*	sagen
quedar	sich treffen
últimamente	in letzter Zeit

–Vale. No muy buena –contesta Claudia–. Maribel trabaja mucho y, además, tiene que ayudar demasiado en casa. Tiene una situación muy difícil.

–¿Cómo ayuda Maribel en casa? –pregunta Eva.

–Pues... todos los días a las 17 horas recoge a sus hermanos del colegio y cuida de ellos en casa.

–¿Y sus padres?

–Su padre trabaja todo el día y vuelve a casa muy tarde y su madre tiene que cuidar a su abuela, que está enferma y necesita medicinas.

–Entiendo. ¿Y qué hace Maribel el fin de semana?

–El fin de semana tiene que cuidar a su abuela también.

–¿Por qué?

–Porque su padre quiere **descansar** el fin de semana y su madre tiene que estar en casa con los niños...

–¿Cómo? ¿Y por qué no cuida su padre a los niños o a la abuela? –pregunta Eva.

–Porque no quiere. Dice que él trabaja mucho durante la semana.
–Entonces, Maribel **se pelea** mucho con sus padres, ¿no?
–Sí, mucho. Sobre todo con su padre.
–Claro, normal.
–Ella quería ir a la universidad –dice Claudia– pero su padre no lo **ha permitido** y, además, Maribel tampoco quería **dejar solos** a sus hermanos con sus padres…

Ejercicio 4: Vocabulario. **Welches Wort ist das „schwarze Schaf"? Unterstreichen Sie!**

1. lunes martes ayer jueves
2. tercero cuarto segundo uno
3. septiembre octubre primavera julio
4. siempre mañana nunca a veces
5. mucho poco demasiado pasado

–Ahora entiendo las circunstancias difíciles de su vida –dice Eva–. ¡Eso nunca me lo ha contado! Maribel siempre **ha dicho** que no quiere ir a la universidad porque prefiere trabajar en algo práctico.
–Sí, siempre ha dicho eso, pero yo sé que no es cierto –dice Claudia.
–¿**Has quedado** mucho **últimamente** con Maribel? –pregunta Irene.

–Sí, a menudo. Maribel ha tenido problemas los últimos meses y nos hemos visto una o dos veces a la semana.

> Endet ein Substantiv auf **-a**, kann man in den meisten Fällen darauf schließen, dass es feminin ist. Leider gibt es auch hier Ausnahmen: **el** idioma (die Sprache), **el** problema (das Problem), **el** mapa (die Land-/Straßenkarte), **el** cura (der Pfarrer). Trotz männlicher Endung sind hingegen **la** radio (der Rundfunk) und **la** mano (die Hand) weiblich.

–Entonces, sois muy amigas, ¿no? –pregunta Eva.

–Maribel y yo siempre hemos tenido una relación un poco difícil, pero últimamente hemos hablado mucho.

–Sí, es cierto. Siempre habéis tenido una relación extraña, pero, ¿por qué? –pregunta Irene.

–Porque siempre hemos envidiado vuestra relación.

–¿Cómo? –pregunta Irene.

–Maribel siempre ha querido estar más cerca de vosotras, pero nunca ha sido así.

–Entiendo –dice Eva–. Pero Claudia, eso es normal. Irene y yo hemos estudiado juntas.

–Sí, pero antes de la universidad la situación ya era así.

–¿Tú crees? –pregunta Eva.

–Sí, Irene y tú siempre habéis sido las mejores amigas. A mí no me molesta pero a Maribel sí. Y lo entiendo, yo estoy deprimida desde los 18 años y ella os echa de menos.

molestar	stören
hacer *irr* justicia	Gerechtigkeit üben
mal pagado	schlecht bezahlt
sueldo *m*	Gehalt

–Claudia, Maribel también te quiere mucho a ti –dice Irene.

–Sí, lo sé, pero ahora Maribel está muerta… –dice Claudia.

Ejercicio 5: Formas del verbo. **Unterstreichen Sie die richtige Variante!**

1. Me gusta / gustan el chocolate.
2. No me gusta / gustan los niños.
3. Me molestan / molesta la gente de esta fiesta.
4. Me gusta / gustan ir al cine.
5. Me duele / duelen las piernas.

Claudia, Irene y Eva están muy tristes. Es muy difícil para ellas aceptar la muerte de Maribel, pero quieren continuar con la investigación para hacer justicia a su amiga.

–¿Qué problemas ha tenido Maribel últimamente? –pregunta Irene.

–El trabajo.

–¿Qué tipo de problemas?

–Más trabajo y menos dinero. La fábrica de aceite está en crisis, como casi todas las fábricas en el pueblo. Maribel quería otro trabajo.

–¿Y por qué no ha buscado otro trabajo? –pregunta Irene.

–Lo ha buscado, pero en general hay muy poco trabajo en el pueblo y todo está muy mal pagado. En su casa solo hay dos sueldos: el sueldo de su padre y el de Maribel.

–Ya veo –dice Irene.

–Claudia, ¿cuándo y dónde os habéis visto Maribel y tú? –pregunta Eva.

–Siempre por la tarde en casa de Maribel. Yo salgo de trabajar a las 17.30 horas.
–¿Desde cuándo os veis más a menudo?

> **Desde** bezieht sich auf einen Zeitpunkt, ab dem sich etwas ereignet hat. Ähnlich verhält es sich mit **desde hace**, nur dass hier das Ereignis noch andauert. Beide Präpositionen werden mit „seit" übersetzt.

–Desde hace tres meses. Desde junio.
–¿Y has notado algún comportamiento extraño en las últimas semanas?
–Pues... la verdad es que sí. Últimamente, Maribel estaba siempre demasiado cansada.
–¡Eso es normal! ¡Trabaja las 24 horas del día! –dice Irene.
–No, no es normal –dice Claudia–. Creo que Maribel ha tenido actividades extra últimamente, pero no estoy segura.
–¿Actividades extra? –pregunta Eva.
–Sí, creo que Maribel ha buscado ayuda para su situación pero no sé cómo. No hemos hablado sobre eso.

Ejercicio 6: Imperfecto. Ergänzen Sie die richtige Verbform im Imperfecto!

Maribel **1.** tener *tenía* un comportamiento muy raro en las últimas semanas. Siempre **2.** estar ________ cansada. Tampoco **3.** dormir ________ bien. Y siempre **4.** llegar ________ tarde a todas partes. **5.** Sentirse ________ muy mal.

–Interesante –comenta Irene–. ¿Y cómo sabes tú eso?
–Porque me ha hablado mucho sobre la importancia de hablar sobre los problemas con otras personas.
–¿Has notado diferencias en el comportamiento de Maribel en los últimos 3 meses? –pregunta Eva.
–Sí. En junio Maribel estaba muy deprimida por su situación en casa, en julio estaba muy contenta y muy positiva y en agosto siempre ha estado demasiado cansada y nerviosa.
–Interesante –dice Eva.
En ese momento, los policías locales entran en el salón de bodas y hablan con Eva:
–Eva, tenemos una pista. Hay una **carta de despedida** en casa de tu amiga Maribel. Tu amiga se ha suicidado.
Eva, Claudia e Irene no pueden creerlo: «¿Maribel se ha suicidado? ¿Por qué?». Eva abre la carta y la lee:

notar	bemerken
cansado	müde
carta *f* de despedida	Abschiedsbrief
tesoro *m*	Schatz
razón *f* de ser	Daseinsberechtigung
luchar	kämpfen
sufrir	leiden
olvidar	vergessen

«Queridos padres:
»Os quiero, nos habéis dado la vida a mis hermanos y a mí.
»Mis hermanos son mi **tesoro** y mi **razón de ser**.
»**He luchado** por ellos; he luchado por esta familia. Tengo esa responsabilidad desde los 17 años.
»**He sufrido** mucho y no quiero que mis hermanos sufran. No podéis **olvidar** eso.

»He buscado ayuda, pero no es oro todo lo que reluce.

»Querido Carlos:
»Mis hermanos y tú sois mi razón de ser. Sois toda mi vida. Carlos, he entrado en un laberinto y el final está aquí, en nuestra boda: tu salvación.
»Te amo.

»Queridas Claudia, Eva e Irene:
»Gracias por todos los buenos momentos que hemos pasado juntas. Os quiero.
»Os doy la llave de mis recuerdos y con ellos haréis justicia».

Eva, Irene y Claudia están muy sorprendidas: «¿qué significan estos mensajes?», se preguntan.
–Creo que es importante descifrar estos mensajes, ¿verdad? –pregunta Claudia.
–Sí, muy importante –contesta Eva–. Creo que los puntos importantes son: «no es oro todo lo que reluce», «tu salvación» y «os doy la llave de mis recuerdos y con ellos haréis justicia».
–Entonces, ¡continuamos con la investigación! –dice Irene.

No es oro todo lo que reluce.	Es ist nicht alles Gold, was glänzt.
salvación *f*	Rettung
llave *f*	Schlüssel
recuerdo *m*	Erinnerung
hacer *irr*	machen
mensaje *m*	Botschaft
descifrar	entschlüsseln

3 Secretos de Maribel

Eva se siente mal. La muerte de Maribel le afecta mucho. Irene, que la observa, intenta hablar con ella:

–Eva, ¿dónde está Claudia?

–Está hablando[i] con Carlos.

–Ah, muy bien. ¿Tú estás bien? –pregunta Irene.

–No.

–¿Qué te pasa?

–Maribel ha tenido muchos problemas en los últimos años y yo no lo he sabido. Soy una mala amiga.

–Eva… Eso no es cierto. Tú tienes mucho estrés en tu vida, es normal. Además, a mí tampoco me ha contado todos sus problemas en los emails.

–No, no es normal. A veces me olvido de mis amigos. Siempre estoy trabajando, nunca tengo tiempo para hablar con mi familia o con mis amigos, o para relajarme en general.

> Das **Gerundio** drückt einen Vorgang in seinem Verlauf aus.
> **Estoy** bebiendo un café. (Ich trinke gerade einen Kaffee.)
> Bei regelmäßiger Bildung werden die Infinitivendungen durch folgende Endungen ersetzt:
> -ando: **hablar** - habl**ando**
> -iendo: **comer** - com**iendo**
> -iendo: **vivir** - viv**iendo**

secreto *m*	Geheimnis
afectar	emotional bewegen
relajarse	sich entspannen

–Entonces necesitas otro tipo de vida, Eva. ¿No puedes trabajar menos horas?

–Sí.

–¿Y por qué no lo haces?

–Porque me gusta demasiado mi trabajo, pero ahora sé que necesito más tiempo para mí misma.

–Sí, es cierto.

Ejercicio 7: El gerundio. Übersetzen Sie ins Deutsche!

1. Eva está investigando el caso de Maribel.

   Eva ermittelt gerade im Fall von Maribel.

2. Irene está hablando con Claudia sobre el pasado de Maribel.

   ____

   ____

3. Irene está trabajando en un colegio con adolescentes.

   ____

4. Eva está haciendo muchos cambios en su vida.

   ____

5. Las amigas están descifrando el mensaje de la carta.

   ____

–Pero primero quiero averiguar por qué se ha suicidado Maribel.
–Sí, exacto. Tú eres la mejor, así que, ¡vamos a trabajar!
Eva e Irene se acercan a los padres de Maribel para hablar con ellos:
–Buenas tardes, señores López –dice Eva–. Sé que son momentos muy difíciles, pero tengo que hablar con ustedes.
–Hola Eva –contesta la madre de Maribel.
El padre de Maribel no puede hablar; no tiene palabras.
–Señor López, ¿está bien? –pregunta Irene.
–No –contesta la madre de Maribel–. Ahora no puede hablar. Yo hablo con vosotras.
–Bien –dice Eva.
–Podéis llamarme Rosario. Ya nos conocemos desde hace mucho tiempo –dice la madre de Maribel.
–¡Claro, Rosario! –Dice Irene.
–Rosario, ¿has notado algún cambio en el comportamiento de Maribel en los últimos meses?
–Sí. Maribel ha salido mucho por las noches.
–¿Por las noches? –pregunta Eva sorprendida.
–Sí. Ya sabéis que Maribel siempre ha estado muy ocupada. Normalmente nunca ha salido por las noches, porque estaba muy cansada, pero últimamente sí.
–¿Y adónde?
–No lo sé.
–Siempre ha dicho que iba a casa de Carlos, pero yo sé que no es cierto.

averiguar	herausfinden
llamar	*hier*: nennen
ir *irr*	gehen

–¿Por qué sabes que no es cierto?

–Porque me lo ha dicho Maribel. Pero no me ha dicho adónde iba por las noches. Su padre cree que iba a casa de Carlos.

–Entiendo –dice Eva.

–Maribel ha tenido depresiones muy fuertes –dice Rosario–. Estaba muy mal sobre todo en junio.

–Lo sé, eso nos ha dicho Claudia también. ¿Y en julio?

–En julio estaba muy contenta. Quería casarse, vivir con su novio, cambiar de trabajo, etc.

> Das **Imperfecto** beschreibt vergangene Situationen, in denen etwas regelmäßig oder gewohnheitsmäßig stattgefunden hat. Außerdem dient es der Wiedergabe von Begleitumständen.
> Cuando **tenía** 15 años me **gustaba** el baloncesto. **Iba** a entrenar todos los miércoles.
> (Als ich 15 Jahre alt war, mochte ich Handball. Ich ging immer mittwochs zum Training.)

–¿Salía mucho por las noches el mes de julio? –pregunta Eva.

–Sí. Todas las noches.

–¡Todas las noches! Eso es muy extraño. ¿Y en agosto?

–También. En agosto ha estado muy nerviosa. No ha dormido nada en todo el mes. Ha estado muy antipática con todo el mundo.

–¿También con sus hermanos?

–Sí, también con sus hermanos, y ella siempre es muy buena con ellos.

–¿Puedes describir la rutina de Maribel en agosto? Todos los detalles son importantes –dice Eva.

antipático	unsympathisch
describir	beschreiben
merienda *f*	Vesper

Ejercicio 8: Verbos. **Lesen Sie weiter und ergänzen Sie den Text mit den passenden Verben!**

desayuna | vuelven | trabajar | ~~se levanta~~ | recoge

-Sí. Maribel **1.** *se levanta* a las 7 de la mañana, **2.** ______ y entra a **3.** ______ a las 8 en la fábrica de aceite. Come en el trabajo.

-Bien -continúa.

-Sale de trabajar a las 16 horas, va a casa, se ducha, **4.** ______ a sus hermanos en el colegio a las 17 horas y **5.** ______ a casa.

–Bien, ¿y qué hace en casa exactamente?

–Ayuda a sus hermanos con los deberes y les da la merienda. A veces viene Carlos de visita y últimamente Claudia también.

–¿Cómo es la relación entre Maribel y Claudia?

–Buena. Maribel siempre dice que Claudia es una buena amiga.

–¿A qué hora volvéis Fernando y tú a casa?

–A las 21 o las 21.30 horas.

–¿Y cenáis todos juntos?

–Sí, normalmente sí, pero últimamente Maribel ha cenado sola en su cuarto.

–¿Por qué?

–No lo sé. Cenaba delante del ordenador y después salía a la calle.

–¿Hasta qué hora?

–Pues, hasta las 00.00 o las 00.30 horas.

–¡Eso es muy tarde! Interesante. ¿Y cuál ha sido la reacción del padre de Maribel con todo esto?

–Al principio estaba siempre enfadado, pero al final se tranquilizó.

–¿Por qué?

–Maribel ha amenazado varias veces a su padre con dejar su trabajo. Y ya sabes que solo tenemos dos sueldos en nuestra casa.

–Entiendo. ¿Alguna información más?

–Pues… ¡Ah, sí! Maribel ha recibido muchas cartas últimamente.

–¿Cartas? ¿De quién?

–De una chica que se llama Luisa.

–¿Y de apellido?

–Pérez Santos[i], creo.

–¿La conoces?

–No.

> Offiziell gibt es in spanischsprachigen Ländern immer zwei **apellidos** (Nachnamen). Der erste Familienname ist in der Regel der des Vaters, während der zweite Name von der Mutter übernommen wird.

–¿Maribel te ha dicho quién es Luisa?

–Sí, siempre ha dicho que es una amiga del colegio.

–Eso no es cierto –dice Eva.

–¿Segura?

–Sí.

Eva mira a Irene. Irene está muy sorprendida también. Sabe que Maribel normalmente nunca miente…

–Irene, manda a los policías locales a casa de Maribel –dice Eva–. Tienen que registrar toda su habitación.
–De acuerdo.
Eva se acerca al padre de Maribel:
–Señor López, ¿puede hablar ahora? –pregunta Eva.
–Sí. Fernando, por favor.
–De acuerdo.
–Fernando, sé que Maribel ha salido mucho últimamente por las noches. ¿Cuál es tu opinión sobre eso?
–¿Por qué hablas en presente sobre Maribel? Está muerta.
–Sí, Fernando, lo sé. Pero así me concentro mejor. Sabes, esta situación también es muy difícil para mí –dice Eva.

ordenador *m*	Computer
hasta	bis
tranquilizarse	sich beruhigen
amenazar	(an)drohen
mentir *irr*	lügen
mandar	schicken
registrar	durchsuchen
amante *f/m*	Geliebte(r)
prueba *f*	Beweis

–De acuerdo.
–¿Cuál es tu opinión entonces?
–Nunca me ha gustado.
–¿Por qué?
–Porque no es normal. Siempre he creído que tiene un amante.
–¿Cómo? ¿Tienes alguna prueba?
–No. Pero Maribel ha recibido muchas cartas últimamente.
–Sí, de una mujer que se llama Luisa Pérez Santos, ¿cierto?
–Sí.
–¿Y tú crees que Luisa es la amante de Maribel?
–Es posible.

–¿Por qué crees eso?

–He leído varias veces el diario de infancia de Maribel. En el diario comenta más de una vez que está enamorada de ti, Eva.

–¿Cómo? ¿De mí? ¡A mí Maribel nunca me ha dicho nada! Además, ¡tiene una relación con Carlos desde los 14 años!

–No sé, yo creo que Maribel siempre ha estado enamorada de ti, y eso me molesta –dice Fernando.

diario *m*	Tagebuch
enamorado	verliebt
por eso	deshalb
ni siquiera	nicht einmal
en contra de	gegen
culpa *f*	Schuld
arrepentido	reumütig

–Claro, por eso has sido tan estricto con ella, ¿no?

–Sí. No quería tener una hija homosexual.

–Eso es muy triste, Fernando. Y ni siquiera sabes si es cierto.

–Eva, no tengo nada en contra de los homosexuales, pero ya sabes cómo es la gente en el pueblo.

–La gente no tiene la culpa de todo, Fernando. Para ser feliz hay que ignorar los comentarios de la gente. Maribel era tu hija, ¿no la querías?

–Sí, la quería mucho… Eva, lo siento mucho, estoy muy arrepentido. Pero ya es muy tarde.

Fernando y Rosario salen del salón de bodas. Ambos están llorando y no pueden hablar más.

Eva está pensando. Tiene mucha información nueva en la cabeza. Una cosa está clara: «Maribel ha sufrido mucho con su familia y ha buscado ayuda. Pero, ¿adónde iba por las noches? ¿Qué tipo de ayuda ha buscado?».

4 No es oro todo lo que reluce

Eva cuenta a Irene su conversación con Fernando y ahora deciden interrogar a Carlos, el marido de Maribel:

–Carlos, ¿podemos hablar contigo? –pregunta Eva.

–Sí –contesta Carlos muy triste.

–Sabemos que Maribel ha salido mucho últimamente por las noches. ¿Sabes adónde?

–Bueno...

–Carlos, necesitamos esa información para averiguar qué ha pasado –dice Irene.

–Sí. En los meses de julio y agosto, Maribel ha ido a unas reuniones de un grupo.

–¿Qué tipo de grupo?

–Un grupo de ayuda.

–¿Ayuda psicológica?

–Sí.

–¿Dónde? [i]

–No lo sé. Maribel nunca me lo ha dicho.

–¿Alguna idea?

–Sí, creo que siempre hacen las reuniones en lugares diferentes.

reunión *f*	Versammlung
lugar *m*	Ort

Dónde, cuándo und **cómo** werden gebraucht, um nach Ort, Zeit sowie Art und Weise zu fragen. Um den Grund für etwas zu ermitteln, gebraucht man **por qué.**
Eine Menge erfragt man u. a. mit **cuánto + Verb.**

–Ya veo.
–¿Eres el único que sabe esto?
–Sí.
–¿Qué te ha contado Maribel sobre esas reuniones?
–Muy poco. Es un grupo de personas con problemas familiares, en el trabajo, etc.
–¿Y quién dirige el grupo?
–Unos psicólogos. Un chico y una chica. No sé quiénes son.
–¿Son del pueblo?

Ejercicio 9: Preguntas. **Wie lauten die Fragen zu diesen Antworten?**

1. Tengo 34 años.

¿Cuántos años tienes/tiene?

2. Vivo en Madrid.

¿ ______________________________ ?

3. La chaqueta cuesta 30 euros.

¿ ______________________________ ?

4. No he ido a clase hoy porque estoy enferma.

¿ ______________________________ ?

5. Me llamo Claudia.

¿ ______________________________ ?

–No, creo que no.
–¿Maribel iba sola a esas reuniones o con algún amigo o amiga?
–Sola.
–¿Puedes describir el comportamiento de Maribel en los meses de julio y agosto?
–Sí. En julio estaba muy contenta y positiva. El grupo la ha ayudado mucho.
–¿Sobre qué hablaban exactamente en las reuniones? ¿Lo sabes?
–No. Maribel siempre ha dicho que es un secreto. Los **miembros del grupo** no pueden hablar sobre las reuniones.
–Eso es un poco extraño, ¿no crees?
–Sí, Eva. Es cierto, pero Maribel estaba muy contenta y para mí eso era muy importante.
–Entiendo. ¿Y en agosto?
–Maribel ha tenido un comportamiento muy raro en agosto.
–Describe «raro».
–Ha controlado mucho mi vida y normalmente Maribel no es así.
–¿Puedes explicarme eso?
–Sí. Todos los días me preguntaba adónde iba, qué hacía, con quién quedaba... Este mes he tenido nuevos **compañeros de trabajo** y Maribel quería saber todo sobre ellos.
–¿Le has preguntado a Maribel por qué estaba tan nerviosa?

dirigir	betreuen, leiten
miembro *m* del grupo	Mitglied
compañero/a *m/f* de trabajo	Arbeitskollege/-kollegin

Um etwas zu begründen oder um eine Absicht zu äußern, gebraucht man

porque + Satz

Estudio español porque quiero vivir en Latinoamérica.
(Ich lerne Spanisch, weil ich in Lateinamerika leben möchte.)

por + Substantiv

Estudio español por mi trabajo.
(Ich lerne Spanisch wegen meiner Arbeit.)

para + Infinitiv

Hago deporte para estar en forma.
(Ich mache Sport, um fit zu sein.)

–Sí, siempre ha dicho que por[i] la boda. Pero creo que no es cierto.

–Carlos, tengo otra pregunta. ¿Conoces a Luisa Pérez Santos?

–No. ¿Quién es?

–Maribel ha recibido muchas cartas de esa chica, pero no sabemos quién es.

–¿Cartas? Yo no sé nada de esas cartas…

En ese momento, los policías locales entran en el salón de bodas:

–Eva, tenemos material importante. Aquí tienes una copia de los emails de Maribel de los últimos 4 meses.

–Bien, muchas gracias.

Eva e Irene **se sientan** en una mesa para leer los emails. No hay emails de Luisa Pérez Santos.

–¿Has encontrado algo? –pregunta Eva.

–Creo que sí, ¿y tú? –pregunta Irene.

–No. ¿Qué has encontrado tú?

–Aquí hay un email interesante: una mujer que se llama Rosa ha escrito muchas veces a Maribel en agosto. Dice cosas como: «Controlamos todo lo que haces», «no **intentes proteger** a esa persona, no la necesitas en tu vida», o «solo nosotros sabemos lo que necesitas, Maribel», etc.

sentarse	sich hinsetzen
intentar	versuchen
proteger	schützen

Ejercicio 10: Porque, por o para. **Wie enden die Sätze korrekt? Kreuzen Sie an!**

1. Estudio español

☐ a) por viajar.

☒ b) porque quiero viajar.

2. Eva está triste

☐ a) por Maribel.

☐ b) para Maribel.

3. Soy detective

☐ a) porque me gusta.

☐ b) por me gusta.

4. Me voy de vacaciones

☐ a) para descansar.

☐ b) por descansar.

–Muy interesante –dice Eva–. ¿A quién no puede proteger Maribel?

–¿A Carlos? –pregunta Irene.

–Es muy posible. Irene, creo que este grupo de ayuda psicológica es una secta.

–Sí, yo también.

–Quizás Maribel ha intentado salir del grupo, pero no ha podido.
–Sí, casi seguro. Irene, ¿dónde está Claudia?
–Ha ido a casa de Maribel.
–¿Para qué?
–He hablado con ella. Claudia conoce un escondite secreto de Maribel en su habitación. Dice que Maribel guardó un día una carta en ese escondite.
–Bien. ¿Claudia sabe algo de las cartas?
–No.
–Vale. Mira, ahí está Claudia. Quizás sabe algo nuevo.
–Claudia, ¿has encontrado algo? –pregunta Eva.
–Sí. En el escondite de Maribel están todas las cartas de Luisa.
–¡Muy bien, Claudia! –dice Eva–. ¿Y qué has averiguado?
–Luisa es una chica de Linares[i]. Esta chica también ha estado en el grupo de ayuda. Luisa ha tenido malas experiencias con ellos. Es un grupo muy peligroso. Los miembros del grupo han hecho daño al hermano de Luisa y a su padre. Su hermano aún está en el hospital.

Linares ist eine Handelsstadt, die nordwestlich von Jaén in Andalusien liegt. In der Vergangenheit trafen hier die weltbesten Spieler zum Internationalen Schach-Turnier aufeinander – eine Tradition, die seit 1978 gepflegt, ab 2011 jedoch wegen Unstimmigkeiten um den Austragungsort mit der Universidad Autónoma de México unterbrochen wurde.

–¿Luisa todavía está en el grupo? –pregunta Irene.
–No. Ese es el problema. Luisa ya no está en el grupo y ellos no están de acuerdo con eso.

–Entiendo –dice Eva–. ¿Algo más?
–Sí. Maribel le dice a Luisa en una carta que ella también quiere dejar el grupo, pero tiene miedo. El grupo quiere hacerle daño a su familia, sobre todo a Carlos.
–Claro, entonces está todo muy claro –dice Eva–. Por eso Maribel escribe en su carta de despedida: «he entrado en un laberinto y el final está aquí, en nuestra boda: tu salvación».

quizás	vielleicht
escondite *m* secreto	Geheimversteck
guardar	(auf)bewahren
hacer *irr* daño a alg.	jmd. wehtun

Ejercicio 11: Comprensión. Beantworten Sie die Fragen zum Text!

1. Warum hat Maribel nicht studiert?

____

2. Warum bringt sich Maribel um?

____

3. Was glauben Sie: Wie bringt sich Maribel um?

____

4. Wer ist Luisa Pérez Santos?

____

–Sí, y yo creo que Maribel me **enseñó** su escondite de las cartas **a propósito**: «Os doy la llave de mis recuerdos y con ellos haréis justicia» –dice Claudia.

–Sí, es cierto –dice Eva.

–¿Qué significa entonces: «he buscado ayuda, pero no es oro todo lo que reluce»? –pregunta Claudia.

–Pues que al principio el grupo la ha ayudado mucho, pero después **se ha dado cuenta de** que son malas personas –dice Irene.

–¡Qué **mala suerte** ha tenido Maribel! –dice Claudia.

–No, es una **heroína**. Vamos a encontrar a ese grupo. Todos van a ir a la **cárcel**. Maribel va a **salvar** muchas vidas –dice Eva.

–¿Por qué crees que se ha suicidado el día de su boda? –dice Irene.

–Para **evitar** sospechas –dice Eva–. Era una chica muy inteligente.

enseñar	zeigen
a propósito	absichtlich
darse *irr* cuenta de	etw. bemerken, realisieren
mala suerte	Pech
heroe/heroína *m/f*	Held(in)
cárcel *f*	Gefängnis
salvar	retten
evitar	vermeiden

–Sí. Maribel ha hecho un gran sacrificio –dice Claudia–. Yo ahora voy a salir de la depresión para darle las gracias.

–Yo voy a trabajar menos y voy a pasar más tiempo con mis amigos –dice Eva.

–Y yo voy a cuidar mucho a mi hija y a mis estudiantes –dice Irene.

Una semana más tarde, Eva encuentra al grupo. Todos sus miembros están en la cárcel.

Vacaciones trágicas

Anna Pou van den Bossche

1 Vacaciones en Mallorca

–¡Qué calor! –**exclama** Sonia–. ¡Qué **humedad**!... Es casi imposible vivir en Barcelona en agosto...

> **Lo peor** ist der Superlativ, also die höchste Steigerungsform, des Adverbs **mal** (schlecht/schlimm) und wird ebenso unregelmäßig gesteigert wie das gegenteilige Adverb **bien:**
> **mal, peor, lo peor** - schlimm, schlimmer, am schlimmsten/das Schlimmste
> **bien, mejor, lo mejor** - gut, besser, am besten/das Beste.

-Sí... –responde Maite–, por las noches es lo peor[i], yo no puedo dormir... pero mañana nos vamos de aquí, ¡por fin! En Mallorca también hace calor pero hay playas paradisíacas para bañarse. Puedo hacer muchas fotos bonitas allá. ¿Quieres ser mi modelo? Tengo que hacer unas cuantas fotos para una agencia de viajes.

–Pues claro, ya sabes que me gusta hacer de modelo para ti. Me lo paso genial.

–Pero a mí lo que realmente me gusta es hacer las fotos que yo quiero, no las que quieren las agencias –responde Maite con expresión triste.

vacaciones *f pl*	Urlaub
exlamar	(aus)rufen
humedad *f*	Feuchtigkeit
paciencia *f*	Geduld
hombro *m*	Schulter
éxito *m*	Erfolg
oscuro	dunkel
abrazar	umarmen

–Todo llega, Maite, todo llega. Debes tener paciencia... –dice Sonia mientras le pone una mano en el hombro–. Eres una gran artista.

–¿Tú crees?

–Sí, lo sé. Sólo tienes que esperar. El éxito llega poco a poco.

Al día siguiente las dos amigas se levantan muy temprano para ir al aeropuerto. Allí les espera un chico alto y moreno. Tiene ojos verdes y piel oscura.

–¡Buenos días! –dice al verlas–. ¡Por fin vacaciones! ¡Viva Mallorca!

–¡Viva! –dicen Sonia y Maite a la vez.

Ejercicio 1: Ordenar. Bringen Sie die Buchstaben in die richtige Reihenfolge!

1. alpya ___*playa*___
2. tofso ______________
3. ormhbo ______________
4. domoel ______________
5. iajve ______________

Los tres amigos se ríen. El viaje no puede empezar mejor. Después de un corto vuelo en avión llegan a Palma. Allí les espera Juan, un chico muy delgado y bajito que va vestido con una camiseta y unos pantalones cortos.

–¡Qué ganas tenía de veros! –exclama Juan mientras abraza a Raimon–. ¿Cómo estáis?

Juan y Raimon son amigos de la infancia. Se aprecian mucho aunque son muy diferentes. Raimon es abierto, sociable y le gusta mucho hablar. Juan es reservado, más bien tímido y callado.

–Estoy muy cansado –responde Raimon–. Las exposiciones me dan mucho trabajo… además los galeristas no tienen dinero y quieren buenas fotos por un precio mínimo.

–Rai, no tienes razón para quejarte –dice Maite–. Tienes éxito. Muy pocos fotógrafos podemos decir lo mismo…

oportunidad *f*	Gelegenheit
trabajar por encargo	auf Abruf/Bestellung arbeiten
bañador *m*	Badeanzug
tímidamente	schüchtern, zaghaft
No te preocupes.	Mach dir keine Sorgen.
alquilar	mieten
tomar una curva	um eine Kurve fahren
en pleno campo	mitten im Grünen
espléndido	prächtig, herrlich

Raimon no contesta, pues sabe que Maite tiene pocas oportunidades de exponer sus fotografías y que tiene que trabajar por encargo. Entre los amigos nace un silencio y Sonia dice:

Das **ñ** ist ein typischer Buchstabe des Spanischen, weshalb er auch auf der spanischen Tastatur zu finden ist. Das Ñ besetzt den Platz neben dem L, weil das gedruckte Ö in den romanischen Sprachen nicht existiert. Die Welle auf dem Ñ wird als Tilde bezeichnet. Ausgesprochen wird es wie **nj**, z. B. in mañana, año, niño, pequeño.

–Bueno, bueno… ¡no vamos a hablar de trabajo durante las vacaciones! Juan, vamos a buscar el coche, ¡quiero ir a casa, ponerme el bañador[i] y bañarme en el mar!

–El coche es pequeño… –dice Juan tímidamente.

–No te preocupes, he alquilado un coche –dice Rai–. Mañana lo voy a buscar. Así estamos más cómodos. Hoy me gusta pasarlo bien con mis amigos.

Ejercicio 2: Formas del verbo. Lesen Sie weiter und setzen Sie die korrekte Verbform ein!

Sonia y Rai **1.** estar _*están*_ sentados detrás del coche y llevan las maletas. Sus cuerpos **2.** estar ____________ muy juntos y cada vez que el coche **toma una curva** sus brazos se **3.** tocar ____________. Rai nota que Sonia **4.** tener ____________ una piel muy fina. Después de veinte minutos **5.** llegar ____________ a Porreres, un pequeño pueblo situado en el corazón de Mallorca. De allí **6.** salir ____________ una pequeña carretera que **7.** llevar ____________ a la casa de Juan, situada **en pleno campo**. **8.** Haber ____________ muchos árboles, frutas y verduras. La tierra del campo **9.** ser ____________ muy roja, el cielo muy azul y las nubes ____________ muy blancas. **10.** Ser ____________ un paisaje **espléndido**.

–¡Juan, vives en el paraíso! –exclama Sonia–. ¡Ahora entiendo por qué nos visitas tan pocas veces en Barcelona!

–Aquí estoy muy tranquilo, lejos del estrés y del ruido. Me encanta despertarme con los pájaros.

–Eres un romántico –dice Maite.

–No es tan bonito como piensas –continúa Juan–. Vivir aquí es muy romántico pero muy duro. Estoy muy solo…

–¡Pues tenemos que buscarte una novia! ¿Cómo están las chicas de Porreres? ¿Son guapas? –exclama Raimon.

Todos los amigos se ríen menos Juan, que cambia su expresión y se sonroja, mirando al suelo.

–¿Pero qué te pasa?... –pregunta Rai mientras observa a su amigo–. ¡Estás enamorado!

Vaya ist im Spanischen ein Ausruf des Erstaunens und kann mit „Ach was!" oder „Oh je!" übersetzt werden.

–Bueno… no es nada, de momento… –responde Juan.

–¡Vaya! [i] –exclama Sonia–. ¡Nuestro solitario Romeo ha encontrado a su Julieta!

–¿Y quién es? –pregunta Maite, ansiosa.

–La veo cada día cuando voy a comprar el pan… –responde Juan.

–¿La panadera? –pregunta Raimon–. Pero dime, ¿a ella le gustas?

–No lo sé...

–¿Cómo que no lo sabes? –responde Rai–. Eso se nota: las miradas, las sonrisas… Sí, hombre… Eso se ve enseguida…

–Te digo que no lo sé –repite Juan, un poco molesto.

–Esas cosas necesitan tiempo –dice Maite saliendo en defensa de su amigo–. ¡No todo el mundo es tan rápido como tú, Casanova!
Los amigos se ríen de nuevo. En el ambiente reina el buen humor. Dejan rápidamente las maletas en sus habitaciones y toman el coche para ir a una playa solitaria.
Sonia tiene muchas ganas de bañarse. Empieza a nadar. Es una buena nadadora. Raimon la sigue con los ojos, muy quieto.
–¿No te bañas? –pregunta Maite.
–No… –responde Raimon muy bajito.
Maite se queda mirando a su amigo un poco extrañada. «Algo le pasa a Raimon…», piensa. «¿Qué es?» Maite se da cuenta de que Raimon observa fijamente a Sonia. En este momento Maite se pone seria. Pero los pensamientos de Maite se interrumpen cuando Juan le dice:
–Toma, en esta bolsa hay arena del campo de mi casa. Si la mezclamos con agua del mar sale un barro que es fantástico para la piel: la deja finísima.
Maite y Juan se sacan la ropa y cubren su cuerpo con barro, incluso el cabello. Cuando el sol empieza a secar el barro sus cuerpos parecen estatuas. Mientras tanto Rai se tira al mar. Hay muchas olas y Sonia está muy lejos.

sonrojarse	erröten
solitario	einsam
ansioso	begierig
salir *irr* en defensa	in Schutz nehmen
reinar	herrschen
extrañado	befremdlich
ponerse *irr*	(plötzlich) werden
interrumpir	abbrechen
barro *m*	Schlamm
secar	trocknen
ola *f*	Welle

–¡Sonia, cuidado! ¡Las olas son muy fuertes! –chilla Rai. Sonia no lo oye. Juega con las olas. Se siente libre por fin, lejos de las preocupaciones del trabajo. Pero de repente oye un grito. Es Rai, que nada con mucha dificultad hacia la orilla. Sonia se imagina lo que pasa y nada rápido hacia Rai.

–¡Por aquí, Rai! ¡Por aquí no hay medusas! –dice Sonia y nada delante de él para indicarle la dirección.

Ejercicio 3: Palabra escondida. Übersetzen Sie und enträtseln Sie das Lösungswort!

1. Körper C U E [R] P O
2. Welle [ ] _ _
3. T-Shirt _ _ [ ] _ _ _ _ _
4. Geduld _ _ _ _ [ ] _ _ _ _
5. sich verlieben _ _ _ _ [ ] _ _ _ _ _

Lösung: [ ] [ ] [ ] [ ] [ ]

Cuando salen del agua la espalda de Rai está llena de unas rayas rojas que le duelen mucho. Lo han picado tres medusas. Maite tiene una idea para calmar el dolor:

–¿Alguien tiene una navaja de afeitar? De esas que usáis los hombres cada mañana…

–Pues sí, ¡qué casualidad! –responde Juan–. Hoy he comprado un paquete en el supermercado y aún está en el coche.

–Si afeitamos la piel de la espalda de Rai el **veneno** se va y el dolor también.

–¡Buena solución Maite! ¡Ahora mismo voy a buscarlo! –exclama Juan.

–¡Espera! ¿Has comprado leche en el supermercado? –pregunta Maite.

> **Sí** mit Akzent hat die Bedeutung von „**Ja**“. Es darf jedoch nicht mit dem **si** als Konjunktion in der Bedeutung „**wenn/falls/ob**“ verwechselt werden.
> ¿Te gusta nadar? –**Sí**, mucho.
> **Si** te gusta nadar, vamos a la playa.

–¿Leche? –dice Juan, sorprendido.

–Sí[i], leche. La leche calma el dolor de las picadas de medusa.

–Pues sí, la verdad es que sí…

–Vamos al coche –dice Maite–. Lo cogeremos todo y **curaremos** al pobre Rai.

Sonia y Raimon se quedan solos en la playa.

–Gracias por ayudarme –dice Rai, bajito.

–De nada. ¿Te duele mucho? –pregunta Sonia

–Sí –responde Rai–. Estaba preocupado por ti… las olas son muy fuertes y quería avisarte…

–Gracias… –dice de nuevo Sonia mientras lo observa muy callada durante unos segundos.

¡cuidado!	Vorsicht!
medusa *f*	Qualle
indicar	zeigen
raya *f*	*hier*: Striemen
picar	stechen
navaja *f* de afeitar	Rasiermesser
casualidad *f*	Zufall
veneno *m*	Gift
curar	behandeln, heilen

2 La fiesta

Una hora más tarde los cuatro amigos beben una cerveza fresca y comen unas tapas en un bar (i), ya han olvidado las medusas. Suena una música relajada. Pasan las horas muy rápido. El sol se pone en el horizonte y el cielo se vuelve rosa. Unos extranjeros empiezan a bailar y el ambiente se anima.

Wenn Spanier ausgehen, dann gern in eine Bar, wo man in geselliger Runde **cerveza** bestellt und dazu **tapas**, z. B. Oliven oder ein Stück Tortilla, gereicht bekommt. Jedoch muss man sich darauf einstellen, erst ab 21 Uhr ausgiebig zu Abend essen zu können.

–¡Esta música me gusta mucho! –exclama Maite–. ¡Sonia, vamos a bailar!

Las dos chicas bailan alegremente y poco después un grupo de franceses tostados por el sol se acerca a hablar con ellas. Rai y Juan se acercan al bar para pedir un gin-tonic y hablan con unas italianas. Una de ellas se interesa mucho por el trabajo de Rai y le hace muchas preguntas, pero Raimon sólo mira a Sonia. Entonces el DJ pone una canción muy famosa. Al escuchar las primeras notas Rai se acerca a Sonia. La coge por la

tostado	gebräunt
alrededor	Umkreis, Umgebung
fundirse	hinschmelzen
unirse	sich vereinigen

mano y la saca a bailar. Los dos cantan juntos mientras se miran a los ojos. Poco a poco les parece que no hay nadie a su **alrededor**. Sus miradas **se funden**. De repente dejan de cantar y sus bocas se buscan. Ambos **se unen** en un beso dulce y apasionado.
Maite observa lo que pasa en silencio. Pocos minutos después Juan se acerca a ella y le dice:

Ejercicio 4: Frases. Bringen Sie die Wörter in die richtige Reihenfolge!

1. son | Sonia | amigas | y | Maite | muy

   Sonia y Maite son muy amigas.

2. playas | paradisíacas | Mallorca | las | son | de

   ____

3. el | ponen | en | una | música | bar | relajada

   ____

4. medusas | son | las | de | animales | mar

   ____

5. Juan | y | de | la | son | infancia | Raimon | amigos

   ____

6. beso | se | Raimon | y | dan | un | Sonia

   ____

–Tenemos que irnos, van a cerrar el parking dentro de poco. ¡Se lo digo a la **parejita**! –dice mientras mira a Sonia y a su amigo.

A la mañana siguiente Raimon se despierta primero que todos. Luego coge el coche para ir al pueblo y comprar allí el desayuno. **Mientras tanto**, Sonia y Maite se encuentran en el baño.

–¿Cómo estás? –pregunta Maite.

–¡Bien, muy bien! –responde Sonia sonriendo.

–**Ten cuidado** –responde Maite–. Ya sabes cómo es Rai. Siempre ha sido un Don Juan…

Sonia no contesta y va a la ducha. Maite **se peina** lentamente, preocupada.

parejita *f*	Pärchen
mientras tanto	währenddessen
tener *irr* cuidado	achtgeben
peinarse	sich kämmen
barrio *m* antiguo	Altstadt
estrella *f* fugaz	Sternschnuppe
agua *f* corriente	fließend Wasser
conducir *irr*	fahren
salir *irr* bien	gelingen
postre *m*	Nachtisch
ensaimada *m*	mallorquinisches Gebäck
prestar	(aus)leihen
ϟ salirse con la suya	seinen Kopf durchsetzen

Los amigos pasan el día en Palma de Mallorca. Visitan la Fundación Miró, la catedral y el **barrio antiguo**. Por la tarde Maite y Sonia hacen una sesión de fotos en la playa mientras Juan y Rai hablan tranquilamente de sus cosas en la terraza de casa. Raimon es un gran cocinero y prepara una cena con pescado fresco. Después de cenar miran las **estrellas fugaces**, hay muchas en esta época del año. Rai y Sonia son los últimos en irse a dormir. Les gusta estar solos.

Con el pasar de los días el grupo encuentra su rutina: Raimon compra el desayuno en el pueblo, Juan llena los depósitos de agua porque la casa no tiene agua corriente, Maite pone la mesa y Sonia conduce por las estrechas carreteras porque le encantan los coches.

Llega el cumpleaños de Sonia y los amigos deciden hacer una fiesta. Raimon prepara durante el día una paella[i]. La cena, acompañada de un vino blanco seco, sale muy bien. De postre hay una gran ensaimada, un plato típico de Mallorca. Sonia está muy contenta y piensa que la celebración de su cumpleaños no puede ser mejor.

> Die **Paella** ist ein spanisches Nationalgericht, das ursprünglich aus Valencia stammt, aber auf der gesamten iberischen Halbinsel Verbreitung und Beliebtheit findet. Die traditionelle **paella valenciana** besteht aus Reis, Hühnchen und Meeresfrüchten, abgeschmeckt mit etwas Safran und Paprika. An Feiertagen, zu Dorf- oder Stadtfesten wird eine besonders große Platte gekocht, von welcher hunderte Menschen satt werden.

–¿Me prestas tu ordenador, Rai? Voy a poner música en el Spotify –pregunta Juan.

–Pues claro, aquí está.

–¡Qué suerte tienes de tener a una chica tan fantástica! –dice Juan a su amigo mientras mira a Sonia–. Tú siempre te sales con la tuya…

–¿Y tú no?

–Ya sabes que no…

–¡Bah, eres demasiado dramático!

Juan no responde. Suenan las primeras melodías y los amigos se animan a bailar. Sonia pone música también. En algún momento suena una canción un poco triste.

–¡Juan, cambia esto, por favor! –pide Maite–. ¡No queremos empezar a llorar!
–Pues a mí no me parece tan mal... –responde Sonia.

Ejercicio 5: Comprensión. Welche Aussagen sind korrekt? Kreuzen Sie an!

1. Raimon es un Casanova. ☒
2. Juan está enamorado de Sonia. ☐
3. A Sonia le gustan los coches. ☐
4. Maite está preocupada por su amiga Sonia. ☐
5. Juan va a comprar el pan cada día. ☐
6. La casa de Juan no tiene agua corriente. ☐

Después de horas y horas de baile, Raimon es el primero que se va a la cama porque está muy cansado.
–Chicos, os dejo. Estoy muy cansado.
Sonia se pone triste pero intenta disimular y sigue bailando. Poco a poco todos se van a la cama y ella se queda sola en el salón. No tiene sueño y fuma un cigarrillo. Mira fijamente en la pared, pensando. Una hora después entra en la habitación que comparte con Raimon. Enciende la pequeña lámpara al lado de la cama para ponerse el pijama. En ese momento grita con todas sus fuerzas. Juan y Maite salen de sus habitaciones.
–¿Pero qué pasa? –pregunta Juan.

–¡Por Dios! –exclama Maite al entrar en la habitación. Encima de la cama está el cuerpo sin vida de Rai, bañado en un mar de sangre. Lo **han apuñalado**.

La cara de Sonia está blanca, sus manos **tiemblan**. De repente se echa encima de Rai, se abraza a su cuello y empieza a llorar.

–¡¡¡Noooooo!!! –grita Sonia.

Maite la separa del cadáver de Rai con dificultad y la lleva a la terraza. La sienta en una silla y le prepara una **infusión**[i] relajante. Juan llama a la policía y pocos minutos después el inspector Serradell llega a la casa.

disimular	sich verstellen
tener *irr* sueño	müde sein
compartir	teilen
apuñalar	erstechen
temblar	zittern
infusión *f*	(Kräuter-)Tee
escena *f* del crimen	Schauplatz des Verbrechens
investigar	untersuchen, ermitteln
entrevistar	interviewen

Falsche Freunde gibt es in allen Sprachen. Auch wenn die deutsche Übersetzung klar scheint, besteht die Gefahr, sich zu irren. Hier nur eine Handvoll Beispiele:
la infusión = der (Kräuter-)Tee,
la carta = der Brief,
la palma = die Handfläche,
el regalo = das Geschenk,
el vaso = das Glas.

–Les acompaño en el sentimiento –dice el policía–. ¿Puedo ver la **escena del crimen**, por favor?

Serradel **investiga** la habitación de Sonia y Rai. A continuación se **entrevista** con cada uno de los amigos. Empieza por Sonia, que casi no puede hablar. Después quiere entrevistar a Juan, pero Maite dice:

–Juan no está, pero vuelve pronto, inspector. Va a buscar agua al pueblo. No tenemos agua corriente aquí.

Sonia mira hacia el parking de la casa.
–Pero si su coche está aquí… –dice, confusa.
–Sí, pero esta vez conduce el coche alquilado, pues es más grande.
De repente Sonia abre mucho los ojos.
–¡No! ¡No puede irse, no puede!
–Sonia, tranquila. No pasa nada. Volverá pronto –responde Maite.
–¡Tiene que quedarse con nosotros, tiene que volver! ¡Va a morir como Raimon! ¡Corre peligro!

correr peligro — in Gefahr sein

–Señorita, está usted muy nerviosa –dice Serradell–, es normal, tiene usted un gran trauma. Pero quiero que se tranquilice: vamos a ir a buscar a Juan. Podemos ir en mi coche.

3 Pan y amor

Sonia y el inspector están en el coche de policía de camino a Porreres. El inspector conduce muy lentamente, mirando a Sonia de vez en cuando. La chica fija su mirada en la carretera y no habla. Pasados tres kilómetros, a lo lejos, se ve un coche. Está parado a un lado de la carretera.

destrozado	zerstört
rígido	starr
latir	klopfen

Ejercicio 6: Adjetivos. Lesen Sie weiter und unterstreichen Sie alle Adjektive!

Poco a poco se acercan: el coche rojo deportivo de Raimon ha chocado contra un árbol. Los cristales están rotos, la carrocería está **destrozada**.

-Sonia, no baje del coche. Quédese aquí -ordena Serradell.

El cuerpo de Sonia está inmóvil, **rígido** como una piedra.

Su cara está blanca, el corazón le **late** muy deprisa.

Pocos minutos después llegan una ambulancia y una **grúa**. Mientras la grúa saca el coche de la carretera, la ambulancia se lleva el cuerpo sin vida de Juan. El gran amigo de Raimon, el solitario Romeo, ha muerto.

Mientras la grúa se aleja, Serradell llama a la oficina de policía de Palma:

–Soy el inspector Serradell. Les informo de un accidente en la carretera de Porreres, en el kilómetro[i] número quince. El conductor se llamaba Juan Poch. Su cadáver está en la ambulancia, de camino al Hospital de Palma. Quiero que el doctor Solà le haga una autopsia inmediatamente.

> Den Buchstaben **k** gibt es im Spanischen so selten, dass es sich lohnt, sich ein paar Wörter einzuprägen: kanguro, karate, kayak, kilogramo, kilómetro, kiosko, kiwi, koala.

–Entendido, inspector. ¿Hay que revisar el coche también para investigar las causas del accidente?

–Sí. La matrícula es E-2456905. La grúa llegará a nuestro garaje en menos de una hora. Quiero saber si alguien ha manipulado los frenos. No veo ninguna marca de las ruedas en la carretera y eso es muy raro.

–Muy raro, sí. Le llamo más tarde para informarle de los resultados.

–Gracias. Yo vuelvo a la casa de Poch: quiero estar con los sospechosos. No nos moveremos de allí.

–Tenga cuidado, Serradell. Corre usted peligro.
–Lo sé, pero todo va a salir bien. No hay tiempo que perder, corre prisa.
Serradell sube a su coche donde Sonia duerme. La doctora de la ambulancia le ha dado un fuerte calmante.
Mientras conduce, Serradell piensa en el caso misterioso: «Tengo que volver rápidamente a la casa de Poch. ¿Estará Maite aún allí? Esta chica es muy celosa y los celos son muy peligrosos. Por experiencia sé que los mayores asesinos son grandes celosos. Maite tenía celos de Raimon porque él era un buen fotógrafo y tenía éxito. Pero también me ha parecido que tiene celos de su amiga Sonia, de su relación amorosa con Raimon… ¿estaba Maite enamorada de Raimon?».
Mientras piensa esto Serradell llega a la casa de Juan. En la terraza, Maite anda muy nerviosa de un lado al otro. Al ver el coche, sale deprisa a recibir a Serradell y a Sonia:
–¿Qué ha pasado? Han estado mucho tiempo fuera… –pregunta, inquieta.
Serradell le cuenta lo que ha pasado y después ordena:
–Les prohíbo a todos salir de la casa. Ni Sonia ni usted pueden ir a ningún sitio sin mi permiso.

grúa *f*	Abschleppwagen
inmediatamente	sofort
revisar	überprüfen
matrícula *f*	Kennzeichen
freno *m*	Bremse
rueda *f*	Reifen
corre prisa	es eilt
calmante *m*	Beruhigungsmittel
celoso	eifersüchtig
asesino *m*	Mörder
andar *irr*	gehen

Ejercicio 7: Antónimos. Welche Gegenteile gehören zusammen? Ordnen Sie zu!

1. [b] bueno	a) lento
2. [ ] mayor	b) malo
3. [ ] blanco	c) despierta
4. [ ] rápido	d) nerviosa
5. [ ] dormida	e) menor
6. [ ] calmada	f) negro

–¿Piensa usted que una de nosotras **es capaz de** matar al pobre Raimon? ¿Está usted loco? –grita Maite–. Yo no sé quién es el asesino, ¡pero estoy segura de que no es nadie de la casa!

ser capaz de	zu etwas fähig sein
vigilar	bewachen
profundo	tief
barra *f* de pan	Stangenbrot, Baguette

Serradell se queda pensando. Quizás Maite tiene razón… tiene que investigar más, en otra parte, en el pueblo por ejemplo…

–Maite –sigue Serradell–, ¿están ustedes en contacto con alguien de Porreres?

–Juan y Raimon van al pueblo de vez en cuando. Sonia y yo no.

–¿Y qué hacen en el pueblo?

–Compran cosas. Raimon compra el desayuno y Juan el agua para la casa.

Serradell decide investigar en Porreres. Llama a un colega policía que debe vigilar a las chicas mientras está en el pueblo. Se va.

Lo primero que hace en el pueblo es ir a la panadería[i]. Allí trabaja una chica muy guapa, alta, fuerte, morena y con los ojos verdes. Su mirada es intensa, su voz profunda.

> Im Gegensatz zu der enormen Auswahl an Weiß-, Misch-, Mehrkorn- oder Vollkornbroten und -brötchen deutscher Bäcker bietet eine **panadería** meist nur helle Weizenmehlprodukte wie Weißbrot, Baguette und Baguettebrötchen an.

–Buenos días –dice la chica–, ¿qué desea?

–Una barra de pan, gracias.

–Aquí está. ¿Algo más?

–Sí... ¿conoce usted a Juan Poch? –pregunta Serradell mientras le muestra su carné de policía.

–Sí, lo conozco... ¿ha pasado algo? –pregunta inquieta la chica.

Serradell no contesta a su pregunta:

–¿Y conoce también a Raimon Turró?

En ese momento el cuerpo de la chica parece temblar un poco.

–Sí... –responde la chica bajando la cabeza–. Estos días viene a comprar el pan cada mañana.

–¿Sabe usted que los dos han muerto? –dice Serradell directamente.

Al oír esto, la chica pone la mano en la mesa para no caer.

–¿Qué me dice...? ¿Cómo...?

–Han sido asesinados.

La chica no sabe qué responder. De repente se pone las manos en la cara y **se echa a** llorar.

Serradell se sorprende. ¿Tanto le afectan estas muertes?

–Perdone usted... ¿Tenía usted alguna relación especial con los muertos? –pregunta, sorprendido.

La chica no responde. Parece pensar, quiere tiempo para preparar una respuesta. Después de unos segundos intenta **recuperar** una expresión normal y dice:

echarse a	anfangen zu
recuperar	wiedererlangen
habitual	gewöhnlich
medida *f* de seguridad	Sicherheitsmaßnahme

–No, no. Venían a comprar el pan, nada más... –responde la chica–, eran clientes **habituales**...

En ese momento entra un anciano por la puerta.

–Buenos días, Aina. ¿Me pones lo de siempre?

–Ahora mismo. Inspector, si me perdona, voy a seguir con mi trabajo –dice Aina.

–Sí, claro. Pero antes de irme le informo de algo: usted no puede salir del pueblo sin autorización mía.

–Pero, ¿por qué? No creerá usted que yo... –pregunta Aina muy asustada.

–Yo no creo nada –responde Serradell–. Son simples **medidas de seguridad**. Buenos días y gracias por su ayuda.

Serradell sale de la panadería y enciende un cigarro. Se queda pensando. "Qué reacción tan rara ha tenido esta chica cuando le he contado lo ocurrido". En ese momento el viejo sale de la panadería.

–Perdone, señor –le dice Serradell –, ¿conoce usted[i] a Juan Poch?

–¿Ese chico que siempre está en la panadería? –pregunta–. Pues claro que lo conozco. Creo que está muy enamorado de Aina... ¡y no me extraña! Un buen chico, Juan... un poco tímido, pero buen chico.

> Die Höflichkeitsform „Sie" drückt man für die **3. Person Singular** mit **usted** aus, für die **3. Person Plural** mit **ustedes.** Es ist durchaus üblich und absolut nicht respektlos, mit „Du" angesprochen zu werden, weder beim Einkaufen auf dem Markt noch in der Bank. Ratsam ist es dennoch, gegenüber älteren Menschen vorerst noch die Sie-Form beizubehalten.

Ejercicio 8: Formas del verbo. Lesen Sie weiter und unterstreichen Sie die richtige Variante!

1. Está / Es tarde y las tiendas cierran. Serradell decide continuar con la investigación mañana. Vuelve a Villa Blanca, la casa de Juan, y al **2.** llega / llegar pregunta a las chicas:

-¿**3.** Conoce / Conocen ustedes a Aina?

-¿Aina? -pregunta Maite-. No... ¿quién **4.** está / es ?

-¿Y usted Sonia? ¿Conoce a Aina, Aina Cardoner?

El cuerpo de Sonia aún **5.** es / está drogado. Parece temblar un poco. Su boca **6.** dicen / dice algo que no se entiende.

–Perdone, no la entiendo. ¿La conoce usted? –repite el inspector.
Después de unos segundos Sonia parece recuperarse y contesta:
–No.
–Es la panadera del pueblo.
–No la conocemos personalmente –sigue Maite–, pero Juan hablaba mucho de ella. Estaba muy enamorado... Pero, ¿qué tiene que ver esta chica con el asesinato?
–No lo sé, no lo sé... de momento... –responde Serradell.

4 ¡Adiós, Casanova!

La mañana se despierta gris. En el ambiente reina el silencio: los pájaros no cantan, el perro duerme, por la carretera no pasa nadie. Parece que la muerte[i] se toca con los dedos.

Sonia está más calmada y prepara el desayuno. Maite le pregunta:

–¿Tú crees que la panadera, esa tal Aina, tiene algo que ver con los asesinatos?

–Tanto Juan como Raimon la conocían... quizás sí... –responde Sonia.

–Pero... ¿qué razón puede tener una chica como ella para matarlos?

–No lo sé... –dice Sonia, incómoda, mientras saca violentamente el jamón del paquete.

En ese momento el inspector Serradell entra en la cocina. Desde la ventana entra un poco de aire fresco: empieza por fin a llover.

> Beim Gebrauch von Artikeln scheinen Schwieirgkeiten vorprogrammiert. „Der Brief" – **la carta** ist im Spanischen weiblich, während „die Sonne" – **el sol** männlich ist. Am besten lernt man den Artikel gleich zu jedem Substantiv dazu. Deutsche Neutra wie „das Geheimnis" – **el secreto** oder „das Fenster" – **la ventana** erhalten im Spanischen einen männlichen oder weiblichen Artikel. Der neutrale Artikel **lo** steht nur vor substantivierten Adjektiven (lo bueno), vor Ordnungszahlen (lo primero) und vor Possesivpronomen (lo mío).

–Señoritas, tengo problemas con mi **móvil**. No tengo acceso a internet. ¿Tienen ustedes wifi aquí?
–Sí. Puede usted usar ese ordenador de ahí –responde Maite mientras señala el PC de Raimon.
–Gracias. Si no les molesta voy a entrar en mi **correo electrónico** –comenta Serradell mientras se dirige al salón.

Ejercicio 9: Verbos. Lesen Sie weiter und unterstreichen Sie alle Verben!

Serradell se sienta en el sofá para revisar sus mensajes. Está cansado, desorientado, no sabe cómo continuar la investigación. Decide **navegar por internet**. Mientras tanto, Maite y Sonia se van al piso de arriba a leer un poco. Las horas pasan lentas, el día sigue gris. Parece que el tiempo se ha parado. Sólo se oye el leve sonido de las **gotas** de lluvia que caen sobre el suelo lenta y suavemente.

De repente un grito rompe el silencio:
–¡Por Dios! –exclama Serradell mientras lee algo en el ordenador. No puede sacar los ojos de la **pantalla**.
Maite, asustada, baja las escaleras corriendo.
–¿Qué pasa? –pregunta.
El inspector no responde y sigue mirando la pantalla.
–Inspector, ¿pasa algo? –repite Maite.

Serradell alza la cabeza lentamente y dirige una mirada penetrante y misteriosa a la chica mientras le ordena:
–Señorita, ¿dónde está Sonia? Quiero hablar con ustedes dentro de una hora. Nos vemos en la terraza de la casa.
Serradell coge el teléfono y llama a la jefatura de policía:
–Comandante Tusquets, es necesario ir inmediatamente a Porreres, a la panadería del pueblo. Allí trabaja Aina Jordà. Le dicen que quiero hablar con ella aquí en menos de una hora, ¿vale?
Maite parece muy asustada. Se gira y sube las escaleras para avisar a Sonia.
Una hora después Aina, Sonia y Maite están sentadas alrededor de la gran mesa de la terraza.

móvil *m*	Handy
correo *m* electrónico	E-Mail
navegar por internet	im Internet surfen
gota *f*	Tropfen
pantalla *f*	Bildschirm
penetrante	eindringlich, bestechend

Ahora la lluvia cae muy fuerte y el ambiente es más frío. Sonia tiembla. El inspector Serradell inicia la conversación:
–Las he reunido aquí porque creo saber quién es el asesino de Juan y de Raimon. Pero antes tengo que hacerles unas preguntas… ¿Celebraron ustedes en esta casa el cumpleaños de Sonia, no es cierto?
–Sí –responde Sonia muy bajo.
–Bien. ¿Quién puso la música en sus fiestas?
–Juan , pero ese día Sonia también… –responde Maite, confusa por una pregunta tan rara.
–¡Ajá! –exclama Serradell–. Señorita Aina, conoce usted a Juan y a Raimon, ¿no es cierto?

–Sí.

–¿Y qué relación tiene con cada uno de ellos?

> **Pasar** wird nicht nur häufig, sondern auch in unterschiedlichsten Situationen verwendet. Wenn etwas passiert (ist), fragt man: **¿qué pasa?** Wird man zur Tür hereingebeten, hört man: **¡pasa, pasa!** **„Pasarlo bien"** oder **„pasárselo bien"** wiederum meint, es sich gut gehen zu lassen und eine schöne Zeit zu verleben.

En ese momento el cuerpo de Aina se mueve incómodo en la silla. Aina no sabe qué responder y pasan unos segundos en silencio.

–Responda a mi pregunta, por favor –repite Serradell.

–Juan era un **cliente** habitual de la panadería y Raimon… –en ese momento Aina calla de repente.

–Raimon… ¿qué? –insiste el inspector.

–Venía cada mañana a comprar ensaimadas y pan.

–¿Y qué más Aina, qué más? –pregunta impaciente Serradell–. Diga la verdad. Cuente cómo era su relación. La ayudo: imaginemos que usted está ahora en la panadería. ¿Qué hacen Raimon y usted?

–Pues… hablamos mucho, Raimon es muy simpático, me hace reír y…

–¿Y qué?

–Y… nos enamoramos.

–¡¿Os enamoráis?! –exclama Maite mientras mira a su amiga Sonia. Al oír esto Sonia baja lentamente su cabeza–. ¿Cómo que os enamoráis? No entiendo nada…

cliente *m*	Kunde
a través de	*hier*: über

–Es muy fácil de entender –responde tranquilamente Serradell–. Sonia puede explicarlo muy bien…
Maite mira a Sonia muy confusa y le pregunta:
–Sonia, ¿pero qué pasa?
Sonia no responde.
–Sonia, ¡habla por favor!

Ejercicio 10: Vocabulario. **Welches Wort ist das „schwarze Schaf"? Unterstreichen Sie!**

1. dormir explicar hablar contar
2. cabeza pierna cielo mano
3. azul bajo rojo blanco
4. dónde cuándo quién siempre
5. bailar nadar conducir ir
6. suave fuerte lento quieto

–Yo le ayudo a responder, Sonia –continúa Serradell–. Imaginemos que estamos en el día de su cumpleaños. Usted y Juan ponen música, usan el ordenador de Raimon, ¿no es cierto?
–Sí –responde Sonia bajito.
–Y la ponen a través de Spotify, ¿verdad?
–Sí –repite Sonia.
–Así que tienen internet… y como el ordenador es de Raimon, tanto Juan como usted pueden ver su Facebook, todavía abierto…

En ese momento Sonia se echa encima de la mesa y llora.
–¡Ha sido todo un error fatal! ¡Lo siento muchísimo, lo siento! –grita Sonia.
–Por favor inspector, explique lo que ha pasado de una vez –ordena Maite, harta de tanto suspense.

harto	überdrüssig
soportar	ertragen
traicionado	betrogen

–Pues bien –continúa Serradell–. Ese día Juan y Sonia leen los mensajes del Facebook de Raimon. Los mismos mensajes que yo he leído hace una hora en el ordenador de Raimon. Mensajes de amor entre Raimon y Aina... El resto de la historia lo puede explicar Sonia. Adelante, señorita, la escuchamos...
Sonia levanta su cabeza lentamente y empieza a hablar como hipnotizada, mirando al infinito. Cierra los ojos y dice:
–En el día de mi cumpleaños todos se van a dormir antes que yo. Yo he leído los mensajes del Facebook y estoy muy confusa y muy triste. Me quedo un rato fumando un cigarrillo mientras pienso qué puedo hacer... Raimon me engaña, está enamorado de Aina. No puedo soportar su engaño. Me siento totalmente traicionada... entonces me levanto y manipulo los frenos[i] del coche de Raimon, soy buena conductora y sé de coches... Raimon va al pueblo cada día a comprar a la panadería con su coche... cuando coja el coche mañana por la mañana no llegará al pueblo, no verá a Aina nunca más.

Los und **las** bezeichnen eine Mehrzahl an Subjekten oder Objekten. Aber aufgepasst: Da die Hose zwei Hosenbeine hat, sagt man **los pantalones.** Mit der Schere verhält es sich gleich, man sagt **las tijeras.**

Ejercicio 11: Caracol de palabras. Finden Sie die Begriffe und fügen Sie sie in die Wortspirale ein!

1 J	2 U	3 A	4 N	5	6	7
22	23	24	25	26	27	8
21	36	37	38	39	28	9
20	35	42	41	40	29	10
19	34	33	32	31	30	11
18	17	16	15	14	13	12

1-4: nombre del asesino de Raimon

4-8: Sonia sabe ____________ muy bien (verbo).

8-13: el Casanova de esta historia

13-18: El inspector ____________ por internet (verbo).

18-21: nombre de la panadera de Porreres

21-26: Raimon y Juan son ____________ de la infancia.

26-30: nombre del asesino de Juan

30-37: matar a alguien con un puñal (verbo)

37-42: el contrario de "silencio", en plural

–¡Sonia! –grita Maite mirando a su amiga–, ¿cómo has podido hacer esto?

Sonia no la mira y sigue con los ojos fijos en un punto. Continúa hablando lentamente:

–Después de manipular los frenos del coche me voy a la cama. Allí veo el cuerpo de Raimon apuñalado. En seguida entiendo lo que pasa: está claro que Juan ha leído también los mensajes del Facebook y ha matado a Raimon en un ataque de **venganza**... Juan también se siente traicionado.

venganza *f*	Rache
pagar un error	für einen Fehler bezahlen

–Pero entonces... –dice Maite–, si Raimon está muerto, ¿por qué no reparas de nuevo los frenos de su coche, Sonia, por qué?

–Ese es mi gran error. Mi profundo y gran error. La muerte inesperada de Raimon, esa muerte tan cruel, esa visión de su cuerpo apuñalado, me destroza. Estoy tan triste que me olvido por completo del coche...

–Y el pobre Juan **paga este error**... –continúa Serradell.

–¿Cómo puedo saber que Juan coge el coche de Raimon en lugar del suyo al día siguiente[i]? –grita Sonia–. ¿Cómo?

In **siguiente** wird das „u" nicht mitgesprochen. Es handelt sich um einen eingefügten Vokal, der allein dazu dient, das „g" wie gewohnt auszusprechen. Das gleiche Phänomen ist z. B. bei „guitarra" und für Namen wie „Guillermo" und „Miguel" zu beachten.

En ese momento Maite se levanta de la mesa violentamente y se va. Desaparece en el campo. Ha dejado de llover y salen los primeros rayos de sol.

–Ya lo ve señorita Aina –dice Serradell–. Raimon es un Casanova. Y su amigo Juan paga las consecuencias. ¡Adiós, Casanova! –dice el inspector mientras mira al cielo.

Test final

Soluciones

Glosario

Tabla de ejercicios

Test final

Ejercicio 1: Comparar. Übersetzen Sie folgende Sätze ins Spanische!

1. Ernesto ist intelligenter als Mario.

   ____

2. Gonzalo ist der kälteste Kriminelle.

   ____

3. Anita isst weniger als Violeta.

   ____

4. Encarnita ist die ruhigste von allen.

   ____

Ejercicio 2: Comprensión. Beantworten Sie die Fragen zum Text!

1. Warum hat Mario die Frau von Ernesto getötet?

   ____

   ____

2. Hat Gonzalo ihm dabei geholfen?

____

____

3. Was passiert am Ende? Wer tötet wen?

____

____

4. Wie viele Personen werden von dem Erbe Encarnitas profitieren? Wer genau?

____

____

Ejercicio 3: Frases. Welche der folgenden Satzteile gehören zusammen? Ordnen Sie zu!

1. ☐ Maribel se levanta	**a)** café y tostadas.
2. ☐ Desayuna	**b)** de casa por la noche.
3. ☐ Va a trabajar	**c)** a sus hermanos en el colegio.
4. ☐ Recoge	**d)** en su casa con su familia.
5. ☐ No cena	**e)** a las 8 de la mañana.
6. ☐ Sale	**f)** a la fábrica de aceite.

Ejercicio 4: Participios. **Wie lautet das Partizip Perfekt der folgenden Verben?**

1. comer ______________________
2. cantar ______________________
3. vivir ______________________
4. ser ______________________
5. ir ______________________
6. decir ______________________

Ejercicio 5: Corrección. **Lesen Sie weiter und korrigieren Sie die sechs Fehler im folgenden Absatz!**

Mientras toman un café Claudia e Irene comentan:

-No me gustan este café -dice Claudia-.

-A mí tampoco -dice Irene-. Oye, Claudia. ¿Sabes cuándo está Eva?

-Está trabajado en un caso.

-¿Todavía no ha terminando? Voy a llamarla, necesita hablar con ella.

-¿Para qué?

-Por invitarla este fin de semana a mi casa.

-Ah, vale.

1. ______________________ 4. ______________________

2. ______________________ 5. ______________________

3. ______________________ 6. ______________________

Ejercicio 6: Comprensión. Können Sie die folgenden Fragen beantworten?

1. Warum hat Juan seinen besten Freund Raimon getötet?

____

____

2. Warum hat Raimon Sonia geküsst, obwohl er in Aina verliebt war?

____

____

3. Woher weiß der Inspektor, dass Sonia am Tod ihrer Freunde beteilgt war?

____

____

Ejercicio 7: Vocabulario. Bilden Sie das passende Verb im Infinitiv!

1. la muerte ______________________
2. el viaje ______________________
3. la respuesta ______________________
4. el baile ______________________
5. la lluvia ______________________
6. el trabajo ______________________

Ejercicio 8: Antónimos. In diesem Gitternetz sind die Gegenteile folgender Adjektive versteckt. Finden Sie sie und ordnen Sie sie entsprechend zu.

1. pequeño ______________ 2. lento ______________
3. reservado ______________ 4. alto ______________
5. cerca ______________ 6. muerto ______________

S	O	T	R	E	I	B	A
O	G	R	A	N	D	E	I
J	I	E	P	V	O	N	R
E	Z	A	I	B	A	J	O
L	U	V	D	D	A	O	C
H	O	I	O	N	P	E	S

Soluciones

¡Adiós, enemigo!

Ejercicio 1: 1. tiempo 2. doler 3. marzo 4. paseo 5. cuidador

Ejercicio 2:

1. P	R	2. E	G	U	N	3. T	A	M	O	S
		N			4. V	I	V	Í	S	
		T				E				
	5. P	I	D	O		N				
6. P	U	E	D	E		E				
		N				N				
		D								
7. J	U	E	G	A	N					

Ejercicio 3: 1. Me gusta mucho el cuidador. 2. A Encarnita le duele la pierna. 3. Mario no deja tranquila a Violeta. 4. Nos vamos de excursión a Madrid. 5. El sábado comen una tortilla de patatas.

Ejercicio 4: 1. Heute habe ich sehr spät gefrühstückt. 2. Ana hat noch nicht ihr Zimmer sauber gemacht. 3. Heute Morgen habe ich Juan gesehen. 4. Mama, ich habe die Hausaufgaben schon gemacht. 5. Warum hast du mich bis jetzt nicht angerufen?

Ejercicio 5: 1. claramente 2. totalmente 3. lentamente 4. realmente 5. simplemente

Ejercicio 6: **1.** es **2.** es **3.** está **4.** hay **5.** está **6.** hay **7.** es

Ejercicio 7: **1.** moreno **2.** bajito **3.** delgado **4.** negra **5.** oscuros **6.** simpático **7.** mayores

Ejercicio 8: **1.** richtig **2.** falsch (Es nuestra nieta.) **3.** richtig **4.** falsch (A mí me gusta mucho el vino blanco.) **5.** richtig **6.** falsch (Yo voy a comprar un coche nuevo.)

Ejercicio 9: **1.** conozco, conoce **2.** sé, sabe **3.** hago, hace **4.** salgo, sale **5.** doy, da

Ejercicio 10: **1.** d **2.** a **3.** f **4.** c **5.** b **6.** e

Ejercicio 11: **1.** morir **2.** sabes **3.** inteligente **4.** matar **5.** pregunta **6.** seguro **7.** privado

El sacrificio

Ejercicio 1: **1.** ellos/ellas/ustedes **2.** él/ella/usted **3.** yo **4.** tú **5.** nosotros/nosotras **6.** vosotros/vosotras

Ejercicio 2: **1.** boda **2.** celebrar **3.** bandeja **4.** queso **5.** verdura **6.** iglesia **7.** cortijo **8.** ceremonia

Lösung: banquete

Ejercicio 3: **1.** Maribel no ha estudiado una carrera. **2.** ¿Por qué no ha venido tu marido? **3.** ¿Has probado el vino blanco? **4.** Hemos estado juntas en el colegio.

Ejercicio 4: **1.** ayer **2.** uno **3.** primavera **4.** mañana **5.** pasado

Ejercicio 5: **1.** gusta **2.** gustan **3.** molesta **4.** gusta **5.** duelen

Ejercicio 6: **1.** tenía **2.** estaba **3.** dormía **4.** llegaba **5.** Se sentía

Ejercicio 7: **1.** Eva ermittelt gerade im Fall von Maribel. **2.** Irene spricht gerade mit Claudia über die Vergangenheit von Maribel. **3.** Irene arbeitet in einer Schule mit Jugendlichen. **4.** Eva unternimmt viele Änderungen in ihrem Leben. **5.** Die Freundinnen sind dabei, die Botschaft des Briefes zu entschlüsseln.

Ejercicio 8: **1.** se levanta **2.** desayuna **3.** trabajar **4.** recoge **5.** vuelven

Ejercicio 9: **1.** ¿Cuántos años tienes? **2.** ¿Dónde vives/vive? **3.** ¿Cuánto cuesta la chaqueta? **4.** ¿Por qué no has/ha ido a clase hoy? **5.** ¿Cómo te llamas/se llama?

Ejercicio 10: **1.** b **2.** a **3.** a **4.** a

Ejercicio 11: **1.** Weil sie ihrer Familie finanziell helfen musste. **2.** Um zu verhindern, dass die Hilfsgruppe ihrem Mann und ihrer Familie etwas antut. **3.** Mit Gift. **4.** Ein ehemaliges Mitglied der Hilfsgruppe. Da sie die Gruppe verlassen hat, wurde ihrer Familie geschadet.

Vacaciones trágicas

Ejercicio 1: **1.** playa **2.** fotos **3.** hombro **4.** modelo **5.** viaje

Ejercicio 2: **1.** están **2.** están **3.** tocan **4.** tiene **5.** llegan **6.** sale **7.** lleva **8.** Hay **9.** es, están **10.** Es

Ejercicio 3: **1.** cuerpo **2.** ola **3.** camiseta **4.** paciencia **5.** enamorarse

Lösung: Romeo

Ejercicio 4: **1.** Maite y Sonia son muy amigas. **2.** Las playas de Mallorca son paradisíacas. **3.** En el bar ponen una música relajada. **4.** Las medusas son animales de mar. **5.** Juan y Raimon son amigos de la infancia. **6.** Sonia y Raimon se dan un beso.

Ejercicio 5: **1.** richtig **2.** falsch **3.** richtig **4.** richtig **5.** falsch **6.** richtig

Ejercicio 6: rojo, deportivo, rotos, destrozada, inmóvil, rígido, blanca, gran, solitario

Ejercicio 7: **1.** b **2.** e **3.** f **4.** a **5.** c **6.** d

Ejercicio 8: **1.** Es **2.** llegar **3.** Conocen **4.** es **5.** está **6.** Dice

Ejercicio 9: se sienta, revisar, sabe, continuar, decide, navegar (por internet), se van, leer, pasan, sigue, Parece, se ha parado, se oye, caen

Ejercicio 10: **1.** dormir **2.** cielo **3.** bajo **4.** siempre **5.** bailar **6.** fuerte

Ejercicio 11:

1. J	2. U	3. A	4. N	5. A	6. D	7. A
22. M	23. I	24. G	25. O	26. S	27. O	8. R
21. A	36. A	37. R	38. U	39. I	28. N	9. A
20. N	35. L	42. S	41. O	40. D	29. I	10. I
19. I	34. A	33. Ñ	32. U	31. P	30. A	11. M
18. A	17. G	16. E	15 V	14. A	13. N	12. O

Test final

Ejercicio 1: **1.** Ernesto es más inteligente que Mario. **2.** Gonzalo es el criminal más frío. **3.** Anita come menos que Violeta. **4.** Encarnita es la más tranquila de todos.

Ejercicio 2: **1.** Weil er neidisch auf Ernesto war und dessen Familie für sich wollte. **2.** Nein. **3.** Ernesto stößt Mario von der Klippe. **4.** Drei Personen: Violeta, Ernesto und Gonzalo.

Ejercicio 3: **1.** e **2.** a **3.** f **4.** c **5.** d **6.** b

Ejercicio 4: **1.** comido **2.** cantado **3.** vivido **4.** sido **5.** ido **6.** dicho

Ejercicio 5: Mientras toman un café Claudia e Irene comentan:

-No me *gusta* este café -dice Claudia-.

–A mí tampoco –dice Irene–. Oye, Claudia. ¿Sabes *dónde* está Eva?

–Está *trabajando* en un caso.

–¿Todavía no ha *terminado*? Voy a llamarla, *necesito* hablar con ella.

–¿Para qué?

–Para invitarla este fin de semana a mi casa.

–Ah, vale.

Ejercicio 6: **1.** Juan ist eifersüchtig und wütend auf Raimon, der ihm seine heimliche Liebe Aina ausgespannt hat. **2.** Raimon testet seine Anziehungskraft auf Sonia. Ob seine Gefühle für Aina aufrichtig sind, lässt sich nicht sagen, schließlich ist er ein Casanova. **3.** Der Inspektor las die Liebesnachrichten zwischen Raimon und Aina. Er ahnte, dass Sonia sie ebenfalls gelesen hatte und sich rächen würde.

Ejercicio 7: **1.** morir **2.** viajar **3.** responder **4.** bailar **5.** llover **6.** trabajar

Ejercicio 8: **1.** grande **2.** rápido **3.** abierto **4.** bajo **5.** lejos **6.** vivo

S	O	T	R	E	I	B	A
O	G	R	A	N	D	E	I
J	I	E	P	V	O	N	R
E	Z	A	I	B	A	J	O
L	U	V	D	D	A	O	C
H	O	I	O	N	P	E	S

Glosario

ϟ = umgangssprachlich
f = feminin
m = maskulin
pl = Plural
irr = unregelmäßiges Verb

a partir de	ab
a propósito	absichtlich
a través de	durch; *hier*: über
abrazar	umarmen
abrigo *m*	Mantel
acantilado *m*	Steilküste
acercarse	sich (an)nähern
acordonar	absperren
afectar	betreffen; emotional bewegen
agua *f* corriente	fließend Wasser
alquilar	mieten
alrededor	Umkreis, Umgebung
al otro lado	auf der anderen Seite
amable	nett
amante *f/m*	Geliebte(r)
amenazar	(an)drohen
andar *irr*	gehen
ansioso	begierig
antipático	unsympathisch
apagar	ausmachen
aparecer *irr*	auftauchen
aparte de	abgesehen von
apuntar	zielen
apuñalar	erstechen
arrepentido	reumütig

asesino *m*	Mörder
asustado	erschrocken
atención *f*	Aufmerksamkeit
aún	noch
averiguar	herausfinden
ayudar	helfen
balón *m*	Ball
bandeja *f*	Tablett; *hier*: Brett
banquete *m* de bodas	Festessen
bañador *m*	Badeanzug
barra *f* de pan	Stangenbrot, Baguette
barrio *m* antiguo	Altstadt
barro *m*	Schlamm
bocado *m*	Happen
boda *f*	Hochzeit
buen aspecto *m*	gutes Aussehen
buscar	suchen
caerse *irr*	hinfallen
calmante *m*	Beruhigungsmittel
camino *m*	Weg
cansado	müde
cara *f*	Gesicht
cárcel *f*	Gefängnis
carta *f* de despedida	Abschiedsbrief
casado	verheiratet
caso *m*	Fall
casualidad *f*	Zufall
celebrar	feiern
celoso	eifersüchtig
ceremonia *f*	Trauunszeremonie
cierto	wahr, richtig
cita *f*	Termin
cliente *m*	Kunde
cobrar	verdienen
colgar *irr*	hängen; *hier*: auflegen
compañero/a *m/f* de trabajo	Arbeitskollege/-kollegin
compartir	teilen
comportamiento *m*	Verhalten
compromiso *m*	Verlobung
conducir *irr*	fahren
confiar en alg.	jmd. vertrauen

conmigo	mit mir
contar	erzählen
contratar	anstellen
copa *f* de espera	Sektempfang
correo *m* electrónico	E-Mail
Correos *m pl*	Post
corre prisa	es eilt
correr peligro	in Gefahr sein
cortijo *m*	Landhaus
creer *irr*	glauben
crimen *m*	Verbrechen
¡cuidado!	Vorsicht!
cuidador *m*	Altenpfleger
cuidar	pflegen
culpa *f*	Schuld
curar	behandeln, heilen
dar *irr* un paseo	einen Spaziergang machen
darse *irr* cuenta de	etw. bemerken, realisieren
de acuerdo	einverstanden
de joven	als Jugendliche(r)
de todas formas	auf alle Fälle
deberes *m pl*	Hausaufgaben
decir *irr*	sagen
dejar solo	alleine lassen
dejar tranquilo	in Ruhe lassen
demasiado	zu viel
deportista	sportlich
descansar	sich ausruhen
descifrar	entschlüsseln
describir	beschreiben
desde entonces	seitdem
despedir *irr*	entlassen
destrozado	zerstört
detective *m* privado	Privatdetektiv
diario *m*	Tagebuch
dinero *m*	Geld
dirigir	betreuen, leiten
disimular	sich verstellen
distraer *irr*	ablenken
doler	schmerzen
echar de menos	vermissen

echarse a	anfangen zu
empezar *irr*	anfangen
empresa *f*	Firma
empujar	schieben, stoßen
en contra de	gegen
en pleno campo	mitten im Grünen
en vez de	anstatt
enamorado	verliebt
encantador	reizend
encendido	an-/eingeschaltet
encontrar	finden; treffen
enemigo *m*	Feind
enfadado	wütend
enfermo	krank
ensaimada *m*	mallorquinisches Gebäck
enseñar	zeigen
entrevistar	interviewen
envenenar	vergiften
envidiar	beneiden
escena *f* del crimen	Schauplatz des Verbrechens
escondite *m* secreto	Geheimversteck
espléndido	prächtig, herrlich
Estado *m*	Staat
estafar	betrügen
estar *irr*	sein
estar *irr* compinchado con alg.	mit jmd. unter einer Decke stecken
estrella *f* fugaz	Sternschnuppe
evitar	vermeiden
exclamar	(aus)rufen
humedad *f*	Feuchtigkeit
excusa *f*	Ausrede
éxito *m*	Erfolg
extrañado	befremdlich
¡felicidades! *f pl*	Glückwunsch!
feliz	glücklich
fingir	vortäuschen
freno *m*	Bremse
fundirse	hinschmelzen
ganar	gewinnen; *hier*: verdienen
gota *f*	Tropfen

grabadora *f*	Aufnahmegerät
grúa *f*	Abschleppwagen
habitual	gewöhnlich
hacer *irr*	machen
hacer *irr* daño a alg.	jdm. wehtun
hacer *irr* justicia	Gerechtigkeit üben
harto	überdrüssig
hasta	bis
herencia *f*	Erbschaft
heroe/heroína *m/f*	Held(in)
hombro *m*	Schulter
incluir *irr*	aufnehmen, einbeziehen
indefenso	hilflos
indicar	zeigen
infancia *f*	Kindheit
infusión *f*	(Kräuter-)Tee
injusto	ungerecht
inmediatamente	sofort
insistir	darauf bestehen
intentar	versuchen
interrogatorio *m*	Verhör
interrumpir	abbrechen, unterbrechen
investigación *f*	Ermittlung
investigar	untersuchen, ermitteln
invitado/a *m/f*	Gast
ir(se) *irr*	gehen
jefe *m*	Chef
latir	klopfen
levantarse	aufstehen
limpiar	putzen, sauber machen
loco	verrückt
luchar	kämpfen
lugar *m*	Ort
llamar	anrufen; *hier*: nennen
llave *f*	Schlüssel
llegar	ankommen
llevarse	mitnehmen; *hier*: bekommen
llorar	weinen
mal pagado	schlecht bezahlt
mala suerte *f*	Pech
mandar	schicken

matar	töten
matrícula *f*	Kennzeichen
la mayor parte	der größte Teil
medida *f* de seguridad	Sicherheitsmaßnahme
medusa *f*	Qualle
el/la/lo mejor	der/die/das Beste
mensaje *m*	Botschaft
mentir *irr*	lügen
merienda *f*	Vesper
miedo *m*	Angst
miembro *m* del grupo	Mitglied
mientras tanto	währenddessen
los mismos	dieselben
molestar	stören
morir *irr*	sterben
móvil *m*	Handy
muerto	tot
navaja *f* de afeitar	Rasiermesser
navegar por internet	im Internet surfen
necesitar	brauchen
ni siquiera	nicht einmal
No es oro todo lo que reluce.	Es ist nicht alles Gold, was glänzt.
No te preocupes.	Mach dir keine Sorgen.
notar	bemerken
notario/a *m/f*	Notar(in)
novio/a *m/f*	Freund(in) in fester Beziehung
observar	beobachten
ocupado	beschäftigt
ola *f*	Welle
olvidar	vergessen
oportunidad *f*	Gelegenheit
ordenador *m*	Computer
oscuro	dunkel
otoño *m*	Herbst
otra vez	nochmal
paciencia *f*	Geduld
pagar un error	für einen Fehler bezahlen
paisaje *m*	Landschaft
panadero/a *m/f*	Bäcker(in)
pantalla *f*	Bildschirm
parecer *irr*	scheinen

parejita *f*	Pärchen
peinarse	sich kämmen
pelearse	sich streiten
peligroso	gefährlich
penetrante	eindringlich, bestechend
el/la/lo peor	der/die/das Schlimmste
perder *irr*	verlieren
permitir	erlauben
picar	stechen
pierna *f*	Bein
pista *f*	Spur
planchar	bügeln
poner *irr* en marcha	in Gang setzen
ponerse *irr*	(plötzlich) werden
por casualidad	zufällig
por eso	deshalb
postre *m*	Nachtisch
preocupado	beunruhigt
prestar	(aus)leihen
prisa *f*	Eile
profundo	tief
proteger	schützen
prueba *f*	Beweis
pueblo *m*	Dorf
puerta *f*	Tür
puesto *m* de trabajo	Arbeitsstelle
quedar	sich treffen
quedarse	bleiben
quizás	vielleicht
rabia *f*	Wut
raro	komisch
raya *f*	Strahl; *hier*: Striemen
razón *f* de ser	Daseinsberechtigung
recibir	bekommen
recoger	abholen
recortes *m pl*	Sparmaßnahmen
recuerdo *m*	Erinnerung
recuperar	wiedererlangen
reencontrarse	sich wiedertreffen
reencuentro *m*	Wiedersehen
regalar	schenken

reinar	herrschen
relajarse	sich entspannen
residencia *f*	Altersheim
reunión *f*	Versammlung
revisar	überprüfen
rígido	starr
rueda *f*	Reifen
ruta *f*	Weg, Route
sacar partido	von etwas profitieren
sacrificio *m*	Opfer
salir *irr* bien	gelingen
salir *irr* en defensa	in Schutz nehmen
ϟ salirse con la suya	seinen Kopf durchsetzen
saludar	grüßen
salvación *f*	Rettung
salvar	retten
secar	trocknen
secreto *m*	Geheimnis
seguir *irr*	folgen
sensación *f*	Gefühl
sentarse	sich hinsetzen
sentirse *irr*	sich fühlen
ser *irr*	sein
ser *irr* capaz de	zu etwas fähig sein
sin embargo	dennoch
sobrar	übrig bleiben
solitario	einsam
sonar	klingeln
sonreír *irr*	lächeln
sonrisa *f*	Lächeln
sonrojarse	erröten
soportar	ertragen
sorprendido	überrascht
sospechar de	jdn. verdächtigen
sospechar que	den Verdacht haben, dass
sueldo *m*	Gehalt
suelo *m*	Boden
suerte *f*	Glück
suficiente	genug
sufrir	leiden
suicidarse	sich umbringen

superar	überwinden
tareas *f pl* domésticas	Hausarbeit
temblar	zittern
tener *irr* cuidado	achtgeben
tener *irr* que	müssen
tener *irr* sueño	müde sein
tesoro *m*	Schatz
testamento *m*	Testament
timbre *m*	Klingel
tímidamente	schüchtern, zaghaft
todavía	noch
todo el mundo	jeder
tomar una curva	um eine Kurve fahren
tostado	gebräunt
trabajar por encargo	auf Abruf/Bestellung arbeiten
traicionado	betrogen
tramar	etwas im Schilde führen
tranquilizarse	sich beruhigen
últimamente	in letzter Zeit
una pena	schade
único	einzig
unirse	sich vereinigen
vacaciones *f pl*	Urlaub
vencer	bezwingen
vecino/a *m/f*	Nachbar(in)
veneno *m*	Gift
venganza *f*	Rache
ver *irr*	sehen
verano *m*	Sommer
vigilar	bewachen
viudo	verwitwet
volver *irr*	zurückkehren

Tabla de ejercicios